MISTERIO Y FE

Jon Fosse (Noruega, 1959) está considerado uno de los autores más importantes de nuestro tiempo. Su obra ha sido traducida a cuarenta idiomas y sus piezas teatrales han sido representadas en todo el mundo. Debutó en 1983 con la novela *Raudt, svart*, y desde entonces ha escrito más de sesenta obras entre teatro, novela, poesía, cuentos infantiles y ensayo. Random House ha publicado *Blancura*, *Melancolía*, *Ales junto a la hoguera* y *Escenas de una infancia*. También es autor de *Mañana y tarde*, *Trilogía* y *Septología*, una novela en siete tomos con la que fue finalista del Booker Internacional 2022 por los volúmenes VI y VII. Galardonado con el Premio Nobel de Literatura 2023 por «sus innovadoras obras de teatro y su prosa, que han dado voz a lo indecible», ha recibido numerosos premios, como el Ibsen Award 2010, el European Prize for Literature 2014 y el Nordic Council Literature Prize 2015. En 2007 fue nombrado caballero de la Ordre National du Mérite de Francia.

JON FOSSE

MISTERIO Y FE

Una conversación
con el teólogo
Eskil Skjeldal

Traducción del
neonoruego de
Cristina Gómez-
Baggethun y
Kirsti Baggethun

Papel certificado por el Forest Stewardship Council®

Título original: *Mysteriet i trua.*
Ein samtale mellom Jon Fosse og Eskil Skjeldal.

Primera edición: abril de 2025

Jon Fosse y Eskil Skjeldal
© 2015, Det Norske Samlaget
Winje Agency y Casanovas & Lynch Literary Agency
© 2025, Penguin Random House Grupo Editorial, S. A. U.
Travessera de Gràcia, 47-49. 08021 Barcelona
© 2025, Cristina Gómez-Baggethun y Kirsti Baggethun, por la traducción

Printed in Spain – Impreso en España

ISBN: 978-84-10433-04-5
Depósito legal: B-2.562-2025

Compuesto en La Nueva Edimac, S. L.
Impreso en Huertas Industrias Gráficas, S. A.

C 4 3 3 0 4 5

El regalo de un humilde poeta

Llevaba tiempo intentando que Jon Fosse hablara de Dios. Había, en mi opinión, muchas cosas que tratar: Fosse se crio en estrecho contacto con la Noruega de las casas de oración y conoce desde dentro la tradición de la «Iglesia baja».* Y, entre los cuáqueros, ha sentido el silencio y la luz interior del ser humano. La lectura de los numerosos textos de Fosse me había producido una sensación peculiar: ya se tratara de poesía, ensayo, novelas o teatro, encontraba en Fosse algo familiar. Yo soy teólogo y, durante largos periodos de mi vida, he habitado en la tradición mística de la fe cristiana. He sido párroco de la Iglesia estatal noruega y, al igual que Fosse, me he convertido al catolicismo. Aunque no lo haya visto, al menos he sentido el tono espiritual de los textos de Fosse. La cercanía tanto lingüística como temática con lo bíblico puede apreciarla cualquiera. Pero en sus textos hay algo más, algo inefable para lo que no encuentro otro término que «misticismo».

---

* En Noruega, se conoce como «casas de oración» a los centros sociales cristianos, y se denomina «Iglesia baja» a un movimiento dentro de la Iglesia luterana que defiende que también los seglares pueden predicar la palabra de Dios *(N. de las T.)*.

Por eso envié a Fosse un correo electrónico pidiéndole que escribiera sobre Dios para un libro que estaba editando, aunque no aceptó la invitación: «En cierto momento de mi vida comprendí que no llegaba a todo y decidí prescindir de escribir artículos y dar conferencias. Soy un humilde poeta y no me cabe más remedio que aceptarlo, así que debo declinar cortésmente tu propuesta».

Pero la conversación ya estaba en marcha, por correo electrónico. Versaba sobre poesía y gnosticismo. Sobre la teología católica, cuyos textos comprendí que Fosse leía con asiduidad. Sobre el maestro Eckhart y Agustín de Hipona. Sobre la depresión y el pesimismo. Sobre la vida, que nunca sale como uno espera. Me llevaba una alegría cada vez que el ordenador me anunciaba la llegada de una nueva carta del poeta. La conversación era un regalo en sí misma, así que aparqué mi deseo de que fuera él mismo quien escribiera sobre estos temas.

Entonces ocurrió lo que ocurre tantas veces cuando te relajas: se abre otra puerta. El anuario católico *SEGL* [VELA] había conseguido que Fosse, que ya se había convertido al catolicismo, les concediera una entrevista y querían que se la hiciera yo. Mi deseo era que él mismo contara lo que había pasado. ¿Había encontrado el cuáquero un lenguaje? ¿Se había convertido el librepensador en un dogmático? ¿No era una ruptura algo extraña? ¿O era, más bien, una continuidad? El caso es que Fosse estaba dispuesto a hablar de las grandes cuestiones y quizá incluso quisiera aceptar el desafío que Cecilie N. Seiness le presenta en las últimas páginas de su libro

Jon Fosse. Poet på Guds jord [Jon Fosse. Poeta en tierra de Dios]. Allí Fosse rechaza la invitación de la autora a hablar sobre Dios, sobre sus cavilaciones religiosas y sobre las fugaces visiones que ha tenido en dos ocasiones. Pero cuando Seiness insiste y pregunta «si puede hablar de esas visiones, de cómo las vivió, de lo que sintió, Fosse se irrita en el café Kaffistova y contesta: "No quiero hablar de eso. ¡Así de sencillo!"».

A Seiness no le queda más remedio que cerrar así su libro: «Fosse habla en serio. He llegado a su límite. Hasta aquí, pero no más allá». Sin embargo, ahora Fosse quería ir más allá. Una conversión es un acto personal, pero también público. Se pasa de una cosa a otra. Yo quería que Fosse explicara de dónde venía y qué era lo que había visto en el catolicismo. Él quería explicarse y contextualizar su conversión. Así que acordamos reunirnos en el hotel Bondeheimen.

Durante la primavera de 2014 tuvimos tres encuentros. Fosse habló de Dios y trazó líneas de conexión entre la poética, la fe y la filosofía, siempre con cierto pesimismo e ironía sobre sí mismo. Aprendí mucho: yo también me he peleado con las pesadas teorías teológicas y he lidiado con Dios. Estaba obsesionado con entender todo lo que tuviera que ver con Dios y leía más textos teológicos de los que a nadie le convienen. Buscaba frenéticamente a Dios en los libros y en la oración, a costa de mi propia vida, y acabé extenuado; al final decidí no volver a leer teología nunca más y no rezar más. Sin embargo, cuando empecé a trabajar en una tesis doctoral sobre ética teológica, me vi obligado a seguir leyendo, aunque, después de mi divorcio, me resultaba aún más difícil situar a Dios dentro de todo lo que estaba ocurriendo. Mi fe corría peligro. Por eso me sentó bien hablar con Fosse: cuando oyes la fe resonar a través de otra persona, oyes siempre algo que te resulta familiar, pero también cosas completamente nuevas. Fosse tiene grandes conocimientos de teología, estética y filosofía, pero también una sensibilidad inmediata hacia el misterio de Dios. Causa impresión ver esta combinación entre la pesada teoría y el liviano sentimiento. Quizá fuera Fosse el poeta quien abrió el paso a Fosse el cristiano, tal vez fuera al revés. Fuera como fuese, sus reflexiones abren más de lo que cierran.

Fosse habla de su saber espiritual. Es un autor que hunde sus raíces en la visión cristiana del mundo y encuentra relación entre las silenciosas reuniones de los cuáqueros y las misas católicas, una relación que cifra en la intensidad del silencio. En la actualidad, ve el ambiente de la «Iglesia baja», que en su día aborreció, de una manera más esclarecida. Y, a través de la teología católica, percibe a la persona religiosa en general. Hay en Fosse rasgos profundamente contradictorios: habla de aquello sobre lo que tal vez hubiera preferido callar, pero hay fuerzas poderosas en él. Es un locuaz profeta que siente la necesidad de divulgar lo que ha visto; en dos ocasiones, de hecho, ha tenido fuertes visiones. Pero a la vez es un místico taciturno que se resiste a hablar del misterio. Es como si estas dos personas, el profeta y el místico, estuvieran en lucha en el interior de este poeta con grandes conocimientos teóricos: Fosse habla de lo innombrable, del misterio de Dios, pero al momento es como si quisiera tragarse sus propias palabras y borrar lo que ha dicho. A veces, la certeza de que el misterio está envuelto en silencio es más fuerte que su necesidad de divulgar. ¿Qué salida hay? Quizá donde mejor se aúnan el locuaz profeta y el místico que reza sea en el poeta Fosse.

En medio de nuestro segundo encuentro, Fosse me interrumpió: «Para poder desarrollar los razonamientos, tendremos que extender estas conversaciones. Quiero explicarme, quiero situar mi conversión dentro de un recorrido más largo. Haremos la entrevista, pero la publicaremos entera en forma de libro». El libro tomó estas tres conversaciones como punto de partida. Primero yo escribí un largo borrador y, a partir de ahí, elaboramos juntos el texto que ahora el lector tiene en sus manos. También retomamos la correspondencia electrónica, puesto que el manuscrito iba y venía a través de la red. Fosse estaba primero en Frekhaug, Austria, luego en Grotten, su casa de Oslo. Fosse añadía y matizaba, yo preguntaba, y así fuimos avanzando. No constreñimos la conversación a determinados puntos temáticos, sino que dejamos que adoptara la forma de un diálogo, tal como este tiene lugar de modo natural en una conversación: como algo que se abre entre dos personas.

El lector apreciará que la fe de Fosse es una confianza profunda que él lleva consigo. Es curiosa confianza porque Fosse es un hombre muy marcado por la vida. Ha vivido intensamente y no habría sido extraño que perdiera la fe, tanto en Dios como en sí mismo. Pero su fe está anclada en algo que está más allá del lenguaje y de los conceptos. El encuentro con Fosse me abrió de nuevo a la fe cristiana. Habrá quien dirá que esta es una buena conversación. Para mí es, ante todo, un regalo.

ESKIL SKJELDAL

EL PAGANO: ¿Quién es ese dios a quien adoras?

EL CRISTIANO: No lo sé.

EL PAGANO: ¿Cómo puedes adorar con tanta seriedad aquello de lo que no sabes nada?

EL CRISTIANO: Adoro porque no sé.

NICOLÁS DE CUSA,
De Deo abscondito

¿Así que quieres abrir esta conversación con un lema?

Sí, he pensado que esta cita puede ser una buena entrada, también para dejar claro que este es un libro más bien híbrido, puesto que está basado en conversaciones orales, que luego yo he reescrito. Muchas de mis respuestas muestran claramente que están elaboradas por escrito, son como pequeños ensayos, mientras que otras son más orales, y en ellas cito de memoria. En el lema, en cambio, hago hablar a Nicolás de Cusa por medio de una cita literal.

¿Siempre ha habido una inclinación religiosa en tu obra?

Puede que ya hubiera una inclinación religiosa en mi primera novela, *Raudt, svart* [Rojo, negro], que escribí a los veinte años. Recuerdo que, en mi locura, llegué a pensar que el protagonista, que no tiene nombre y acaba quitándose la vida, era una especie de cordero de sacrificio. La idea era descabellada, pero supongo que surgía de una especie de anhelo de la fe, o del deseo de que la novela tuviera un significado más profundo, de que, pese a todo, hubiera en ella una especie de paz.

Pero no puedo decir que durante la infancia tuviera fe y, al escribir esa novela, no era en absoluto creyente.

Mis padres eran y siguen siendo creyentes, de esa manera tan sobria propia de la gente de Vestlandet, en la costa oeste de Noruega. Recuerdo que mi madre rezaba con mi hermana y conmigo por las noches, y que bendecíamos la mesa. En la cabecera de mi cama habían pegado una estampa de un ángel, de la que en realidad acabé tan harto que hice todo lo posible por arrancarla. Pero aquel ángel se resistía a dejarse eliminar, todavía veo claramente en mi memoria aquel ángel medio arrancado.

Y, al igual que los demás niños del pueblo, iba a catequesis los domingos y, en la escuela, teníamos una asignatura que se llamaba «conocimiento del cristianismo». Además, estuve en un par de campamentos de verano cristianos.

¿Echabas en falta tener una fe?

No recuerdo que echara en falta la fe. Y había algo falso en aquellos cristianos –y no me estoy refiriendo a mis padres–, algo que me asqueaba, así que, en cuanto alcancé la edad legal, me di de baja en la Iglesia estatal. Sus historias me resultaban demasiado bobas. Aquellos cristianos querían obligarnos a mí y a los demás a creer en cosas que atentaban contra la razón, contra el sentido común, y quien no creyera en ellas, quien hiciera el menor uso del entendimiento, sería castigado y acabaría en el infierno, donde ardería y sería torturado eternamente. Mientras que ellos, los creyentes, estarían tan contentos en su cielo. Recuerdo preguntarme cómo podían ellos saber que irían al cielo, cómo podían estar tan seguros de eso. Si en el cielo se estaba como se estaba entre aquellos cristianos, ¿no sería mejor estar en el infierno? Allí, al menos, habría gente que hablara con sinceridad y se comportara decentemente. O como dice un poema de juventud de Georg Johannesen: Madre, qué frío hace en la catedral / pero en el bar de la esquina arde una vela en cada mesa. Cito de memoria.

Con el tiempo, encontré más verdad y más sinceridad en la vida y los cuidados que compartía con mis compañeros de juerga, que en los círculos cristianos. Mis amigos estaban mucho más cerca de la verdad, en cierto sentido estaban más cerca de lo cristiano. Ser de Nazaret no era fino, el que vino de allí no se codeaba con los que en aquellos tiempos equivalían a los cristianos. Jesús era un rebelde. Era implacable con lo empalagoso y lo aparente, no eligió a sus apóstoles entre la gente considerada entonces virtuosa, sino más bien entre los pecadores y los cobradores de impuestos, y siempre marcó las distancias con la fe oficial reinante en su tiempo, mediante la expresión «habéis oído que… pero yo os digo…».

¿Hay que tener cuidado con los niños y la fe?
Sí, a los niños no hay que imponerles nada, ni la fe ni otras convicciones. Puede que se haga con buena intención, pero las consecuencias son a menudo contrarias a lo que se pretendía. Dudo que sea correcto llevar a los niños pequeños a misa, suponen un estorbo para sí mismos y para los demás. A mí, un niño revoltoso puede llegar a estropearme una misa. Además, los niños pequeños no necesitan misas, su-

ficiente misa son en sí mismos. Si hay algo que los Evangelios dejan bien claro es que los niños pequeños llevan el reino de Dios en ellos. Los Evangelios lo repiten una y otra vez.

Pero el que yo llegara a tener tanta animadversión contra los cristianos y la Iglesia noruega, puede, evidentemente, tener más que ver conmigo mismo que con otras cosas.

¿Qué es esa rebeldía que hay en ti?

Debe de tener que ver con una especie de necesidad de la verdad, y con cierto rechazo a lo afectado, quizá también, hasta cierto punto, a la costumbre, a aquello que quiere ser algo, por decirlo así, por lo menos a aquello que quiere ser algo que no es. En cambio, tengo simpatía por lo abiertamente afectado, por lo teatral, tanto en el individuo como en la cultura.

Pero en esos lugares donde todo el mundo se aburre y todo el mundo está de acuerdo, aunque, en el fondo, no tengan la menor idea de en qué están de acuerdo, me siento muy incómodo. Las reuniones cristianas pueden ser así, al igual que las reuniones «culturales», de hecho, en el mundo cultural, el consenso puede ser aplastante, sobre todo en el teatro. En el fondo, el teatro malo no es más que un consenso de ese tipo, basado en convenciones bien ensayadas. Lo mismo ocurre con la mayor parte de las novelas, siendo las novelas policiacas el mejor ejemplo. Y en realidad pasa lo mismo con buena parte de la poesía contemporánea, por no decir en la política. La política es un consenso sistematizado, toda la vida de las organizaciones me causa esa impresión, por eso la evito completamente. No soy en absoluto una persona de organizaciones. Lo cual no quiere decir, evidentemente, que el consenso no sea necesario, igual que lo son las organizaciones. Solo que yo soy un inútil en esos contextos. Habrá quien diga que me escaqueo, y tal vez haya algo de cierto en ello.

¿Tuviste vivencias espirituales de niño?

Supongo que debo contar que a los siete años tuve un accidente, se me cortó una arteria y perdí muchísima sangre. Aún hoy recuerdo que, al montarme en el coche para que me llevaran al médico, miré los edificios de nuestra granja convencido de que los estaba viendo por última vez y vi que estaban bañados en algo dorado, algo estaba por todas partes, incluso sobre mí mismo; era como si me encontrara dentro de una nube dorada y ligera. Fue muy hermoso y apacible. Un evangelista que por entonces vivía en casa de mis abuelos iba sentado a mi lado y me apretaba con fuerza una venda que tenía alrededor de la muñeca y luego la soltaba, para que circulara la sangre. Había recibido algo de instrucción sobre lo que había que hacer. Y yo nos veía tanto a él como a mí desde fuera, bañados en esa luz dorada, que era como una especie de resplandor casi invisible, una especie de manta suave de puntos dorados opacos, una especie de llovizna, como una nube dorada desde la que yo miraba, al mismo tiempo que me encontraba dentro de ella.

Esta vivencia, que supongo que será una especie de experiencia de estar cerca de la muerte, me ha marcado. Evidentemente, alguien podría decir que fue todo producto de mi imaginación y quizá tendría razón. Pero el caso es que a mí me marcó, puede que haya sido la vivencia más determinante de mi vida, seguramente también porque yo era muy pequeño y, para mí, vivencia equivalía a verdad, con independencia de que me lo imaginara.

Y esta vivencia me enseñó algo, algo que era más o menos lo contrario de aquello que querían forzarme a creer, al menos fue eso lo que pensé más tarde, al encontrarme con el cristianismo que me encontré. La verdad que había intuido en mi propio cuerpo y en mi propia mente era una verdad que no tenía nada que ver con las palabras, y aún menos con la salvación y el infierno, con el haz esto y no hagas lo otro.

Creo que fue esta vivencia temprana, que supongo que puedo llamar «mística», la que me llevó a darme de baja en la Iglesia estatal noruega. De hecho, lo hice tan pronto como tuve edad suficiente para hacerlo: escribí una carta al párroco diciendo que ya no quería pertenecer a la Iglesia noruega.

Porque en esa Iglesia, en ese cristianismo de las casas de oración que me tocó vivir a mí, en el luteranismo pragmático y literal típico de Strandebarm, mi pueblo, no había misterio. La interpretación más metafórica de la Biblia que llegó a hacer el párroco de mi pueblo fue decir que era posible que, en tiempos de Jesús, el vino fuera sin alcohol. En fin.

¿Pensaste en aquel momento que esta vivencia podía tener algo que ver con Dios?

Con Dios no sé. Fue una vivencia tan verdadera como las demás vivencias y tenía algo que ver con aquello que llamamos «lo sobrenatural», pero sería incorrecto decir que yo pensara en aquel momento que tenía algo que ver con Dios, y si tuvo algo que ver con Dios, desde luego no tuvo nada que ver con ese dios en el que me habían enseñado a creer. Tengo cuidado al usar la palabra Dios y creo que en aquel momento también lo tenía.

¿Esa vivencia mística ha sido también importante para ti como escritor?

Estoy seguro de que la vivencia que tuve a los siete años ha sido decisiva para que me hiciera escritor y para el modo en que escribo. En el teatro hay siempre una especie de perspectiva exterior, como de mirar desde fuera, que puede recordar a aquella que tuve cuando estuve a punto de morir desangrado; en realidad, esa perspectiva está presente en todo lo que he escrito, en toda la ficción que he escrito.

Tus primeras dos novelas, Raudt, svart *[Rojo, negro]* y Stengd gitar *[Guitarra cerrada], son oscuras y desesperanzadas, la locura y el desamparo nunca andan lejos. ¿Qué relación tienes con esa intensa desesperación?*

En mi opinión, la literatura llena de desesperación señala casi hacia lo contrario, hacia la paz, la paz de Dios. Para mí, *Esperando a Godot* de Beckett y *Ulises* de James Joyce –los dos grandes monumentos modernistas de la literatura que tienes que haber leído, o al menos conocer, si quieres tener una educación literaria– son obras que, en su oscuridad, alcanzan una especie de luz silenciosa. *Esperando a*

Godot debe de ser el drama moderno más cristiano que se ha escrito, aunque Beckett seguramente se considerara a sí mismo ateo, a pesar de que solía añadir que lo habían educado como cuáquero. Y no conozco ninguna obra que muestre mejor el absurdo vacío de una vida cotidiana obsesionada con el cuerpo y la sexualidad que *Ulises*, aunque esté hecha con una maestría formal inigualable.

Ambas son obras reveladoras, epifánicas. Y la verdad es que fue Joyce, que era muy anticatólico, quien empezó a aplicar este concepto a la literatura. De todos modos, he leído que, ya de mayor, Joyce cambió su visión sobre el catolicismo.

Algo parecido podría decirse sobre Kafka. Solo que Kafka, por ejemplo en *El proceso* –por cierto, la obra poética más poderosa de las que he mencionado hasta ahora, porque en realidad a mí no me gustan las obras artísticas mastodónticas como *Ulises*, que exigen que sus lectores se acerquen a ellas como si fueran una biblia, yo prefiero los textos literarios breves a los largos–, lo que expone es la incapacidad del ser humano de notar la cercanía de Dios, con lo cual Dios se convierte en una ley invisible e incomprensible, alegóricamente hablando, claro, y la vida se transforma en una existencia brutal e incomprensible. Pero, a su manera oscura, también la obra de Kafka acaba siendo luminosa.

¿Podría ser esta «la luminosa oscuridad» que Leif Zern puso por título al libro que escribió sobre tu obra?

Al menos es una manera de intentar decir algo sobre el mismo asunto, una manera metafórica, claro. De hecho, la expresión está sacada de mi obra de teatro *Un día en el verano* y es, en realidad, una cita de algo que escribió el maestro Eckhart. Bueno, no es exactamente una cita porque yo no la encontré en Eckhart hasta varios años después de escribir la obra. Me habría gustado dar la cita literal, pero justo en estos días estamos de obras en mi casa, y los libros de Eckhart se encuentran, junto con la mayor parte de mis bienes terrenales, empaquetados en el almacén del Museo de Arte Contemporáneo, nada menos.

Otra manera de pensar el mismo asunto es decir que la oscuridad es la que protege a la luz.

A esta oscuridad luminosa, ¿no la has denominado tú mística negativa?

Sí, ambas cosas pueden estar relacionadas. En el fondo, se trata del paso de una manera de expresarse metafórica, o literaria, a una conceptual. Y supongo que quiere decir que, al escribir sobre lo uno, sobre la ausencia, de cierta manera, y por medio de la escritura, se saca a la luz lo contrario; lo uno señala negativamente hacia lo otro, hacia una cercanía unificadora y sin diferencias.

De hecho, no creo que lo epifánico pueda abrirse de frente, siempre se muestra escondido, de un modo negativo, o al menos a través de otra cosa, por medio de rodeos, tal vez se podría decir que se muestra alegóricamente.

A mí siempre me han disgustado las metáforas, tanto en las obras de teatro como en las novelas y los relatos breves, porque las obras literarias son en sí mismas metáforas. Y las metáforas dentro de la metáfora enfangan, de alguna manera, la metáfora fundamental. Pero para que una obra literaria sea una metáfora, tiene que ser alegórica hasta la médula. Porque la buena literatura es siempre alegórica, es decir, dice algo distinto de sí misma, y esto que dice se reúne en una especie de totalidad, en una metáfora, que no puede expresarse de otra manera que justamente como se expresa en esa literatura. Al decir una cosa, la novela dice también otra. No necesariamente la contraria, como en la ironía en sentido usual, sino simplemente otra cosa.

En contadas ocasiones, tal vez la vivencia mística también pueda expresarse de frente. Creo que el final de *Mañana y tarde,* cuando Peter se lleva a Johannes de la tierra, puede ser un ejemplo de eso, puede ser.

Las últimas estrofas de *La divina comedia* –y ahora, sin contemplaciones, doy el salto a la literatura mundial, a otra obra que se debe conocer si se pretende tener una educación literaria– sin duda proclaman lo místico sin rodeos. Hasta donde es posible, como dice Dante. Por usar un ejemplo que se me acaba de ocurrir, tomado de un texto que es tanto un poema como una obra de teatro como una novela.

También se me viene ahora a la memoria una sentencia de Wittgenstein: lo que no se puede decir, hay que mostrarlo. Creo que Wittgenstein es más famoso por haber dicho que de lo que no se puede decir nada, es mejor callar, pero también dijo que lo que no se puede decir, hay que mostrarlo. Y esto es justamente lo que hace el arte, ¿no? Las artes plásticas lo hacen en sentido literal, pero el arte del lenguaje también lo hace, al igual que, a su manera, lo hace la música. Porque es como si los cuadros se pudieran escuchar, ¿no? Es como si te hablaran, como si tuvieran algo que decirte. Y al mismo tiempo los relatos se pueden visualizar, y los poemas pueden tanto verse como oírse. De modo que el arte tiene como característica una cierta sinestesia, o como decía Horacio: «Ut pictura poesis», la pintura es como la poesía.

La literatura poderosa revela algo que no se puede decir, o mostrar, de otra manera que justamente como se escribe en ese momento y en ese lugar. Dice, o muestra, lo indecible. Lo característico de esta clase de literatura es que no se deja resumir, porque al resumirla desaparece aquello que la hace buena, aquello que le concede calidad.

Esto rige para la novela, pero también para cualquier tipo de literatura poética. Pero al contrario que las obras de teatro, al menos las tradicionales, que tienen rasgos exteriores fácilmente reconocibles, las novelas pueden ser casi cualquier cosa.

Y no todos los tipos de novelas tienen que ver con la mística, con la literatura poética. De hecho, la gran mayoría de las novelas no son poéticas. Por eso, no pienso llamar novelas a las obras de prosa literaria que escriba en el futuro. Porque las novelas son solo literatura poética en contadas ocasiones, en la mayoría de los casos se quedan atrapadas en algún sitio y no logran avanzar, lo mismo da que se trate de literatura de kiosco o de experimentos modernistas. No pienso llamar novela a lo que me imagino que voy a escribir en el futuro. Bastará con llamarlo prosa, o prosa lenta, que es el término que a mí me gusta. O no llamarlo nada en absoluto.

Martin Heidegger decía: «Die Sprache spricht als das Geläut der Stille», es decir, que el lenguaje habla como la resonancia del silencio, o como se quiera traducir la palaba *Geläut*. El sueño es escribir una prosa que, por decirlo así, hable con el sonido del silencio.

Has estudiado y leído mucha filosofía, también has escrito ensayos filosóficos. ¿La filosofía ha influido en ti y en tu escritura literaria?

Sí, y quizá más de lo que yo pensaba. Da la impresión de que un escritor se afianza, por decirlo así, en un determinado período de su vida. Puede ser en la infancia, o más habitualmente en la juventud, en la adolescencia, y después vuelve una y otra vez a lo que entonces llenaba su mundo, por ejemplo a la música y las películas de ese momento.

Yo debí de afianzarme algo más tarde, después de cumplir los veinte años. El hecho de que siempre vuelvo a mis héroes intelectuales de aquella época, al menos, parece indicar que fue así. De mi infancia no tengo nada bueno ni malo que contar, tampoco de mi temprana juventud. Ya no tengo ninguna relación con la música que escuchaba en aquella época y que en parte tocaba yo mismo, y tampoco con la literatura que leía –salvo contadas excepciones como Knut Hamsun, Tarjei Vesaas y Tor Jonsson–, y cuando tengo alguna relación con ellas, por lo general tanto la música como la literatura de ese periodo me disgustan.

Muy distinto es el caso de mis héroes intelectuales de cuando tenía poco más de veinte años. Estos se han quedado conmigo: Beckett y Kafka en la literatura, y Heidegger y Wittgenstein en la filosofía.

Por eso hace poco decidí releer a mis antiguos héroes, a Heidegger (*Ser y tiempo*) y a Wittgenstein, unos treinta años después, o exactamente treinta años después, de mis primeros encuentros con ellos, y noto que me sigue fascinando lo mismo de ellos que me fascinaba entonces. Así que no debo de haber cambiado gran cosa desde que tenía poco más de veinte años, es decir, desde la época en que debuté.

Evidentemente no lo entiendo todo, ni en Heidegger ni en Wittgenstein, no conozco lo suficiente la historia de la filosofía y tampoco la lógica formal. Además, Heidegger cita alegremente tanto en griego como en latín –he aprendido algo de latín, pero muy poco, claro–. Sin embargo, tengo la sensación de que me entero de lo fundamental de lo que quieren decir. O al menos me entero de algo que es importante para mí. Y es posible que en esta conversación hable más de Heidegger y de Wittgenstein de lo que debería. Así tendrá que ser. Y quizá podamos considerar que ellos también son interlocutores de esta conversación.

¿Qué es lo que te atrae de la filosofía de Heidegger?
Es difícil de decir. Pero creo que a Heidegger hay que entenderlo más o menos como se entiende la música o la poesía. En cualquier caso, tanto a Heidegger como a Wittgenstein se les podría llamar «filósofos literarios o poéticos».

Quizá lo que he sacado en claro de Heidegger es la idea de que todo lenguaje está regido por un estado de ánimo (*Stimmung*), por los sentimientos, por aquello que Heidegger llama la *Befindlichkeit*, por cómo te encuentres; todo lo vives y lo comprendes a través de tu estado de ánimo, de si te sientes así o asá, animado o desanimado. La variedad de estados de ánimo es infinita. El ser humano siempre está en un estado de ánimo. Incluso la apatía y la indiferencia son estados de ánimo.

Y eso fue lo que noté yo al principio de la pubertad. Todo estaba lleno de estados de ánimo de todo tipo. Y a menudo tenía la sensación de que era solo yo quien lo vivía así, de que los demás no captaban esos estados de ánimo. Sería por eso por lo que bastante pronto empecé a sentirme como…, no como un artista, sino más bien como una especie de alma artística.

Y el hecho de que el ser humano sea así, de que tenga estados de ánimo –entre ellos el de la angustia, que es el estado de ánimo del que Heidegger se ocupa más–, señala hacia lo fundamental del vivir, hacia la existencia, como dice él; señala hacia el hecho de que estamos aquí como un ser entre otros seres, pero, a diferencia de todos los demás seres, los seres humanos somos conscientes de que estamos aquí y de que podemos hacer libremente lo que queramos, tenemos libertad para la muerte en una consciencia, un alma. Y el alma no es, en cierto sentido no es nada, es una nada, que no sabe de dónde viene ni tampoco adónde va. Simplemente estamos aquí, es un hecho, es nuestra facticidad: tú allí y yo aquí. Así es nuestra existencia, la existencia propia del ser humano, dice Heidegger. La montaña es, pero no existe, igual que el árbol y el caballo, y también, dice Heidegger, el ángel y Dios.

En un poema dices algo así como que Dios es, pero no existe.

En realidad, se trata de una cita oculta de Cioran. A mí me dice que Dios está en todo lo que es, que es parte de todo lo que es, pero que Dios no está limitado, no es algo que pueda definirse de esta o aquella manera, no es un objeto, en cierto sentido no es nada que exista, que esté. Dios es «ser absoluto», es el «ser mismo», es «pura realidad», dice Tomás de Aquino. A mí me parece que está bien pensado y, en ese caso, la respuesta a la pregunta de qué es el ser, la pregunta por el sentido del ser, *der Sinn von Sein*, una respuesta a la que Heidegger nunca llegó, sería simplemente Dios. Esa era también la respuesta para Eckhart.

Hasta cierto punto, es como si Heidegger planteara una pregunta para fundamentar una respuesta que ya se ha dado. A la pregunta de qué es común a todas las cosas que son, es decir, a la pregunta de qué es el ser, Heidegger la llamaba la pregunta metafísica fundamental. Pero luego tenía mucho cuidado de no mencionar a Dios, un cuidado casi programático. Si Heidegger hubiera mencionado a Dios, quizá su pensamiento habría recordado demasiado al de Eckhart. Heidegger piensa el ser humano hasta donde es posible pensarlo sin incluir a Dios y, por eso mismo, lo incluye todo el rato sin decirlo.

Lo cierto es que Heidegger estudió teología antes de pasarse a la filosofía. Y su padre era sacristán en una iglesia católica de una pequeña ciudad alemana.

Y para mí, al menos, su filosofía pone el fundamento de la fe.

Entonces nuestra existencia, nuestra manera de estar en el mundo, ¿se evidencia a través de los estados de ánimo, en especial a través de la angustia?

Sí, nuestra tristeza, nuestra alegría y, en especial nuestra angustia, evidencian nuestra facticidad: formamos parte de las cosas que son, pero al mismo tiempo nos distinguimos de ellas porque somos conscientes del ser, no solo de este o aquel ser, sino de que se es, de que se tiene ser, como dice Heidegger. Somos conscientes de que nosotros mismos existimos y de que luego dejaremos de existir. Y por eso, creo, muchos tratan por todos los medios de evitar los estados de ánimo –cosa que es imposible–, o los colectivizan y hablan, por ejemplo, del «ambiente navideño», mientras que los periodistas deportivos insisten en decir «qué ambientazo». Pues no, joder. El ambiente navideño y el subidón de la victoria son lo contrario al estado de ánimo y, en el fondo, tratan de evitar el estado de ánimo como realidad, precisamente porque el estado de ánimo, el verdadero, evidencia nuestra facticidad, nuestra existencia. Lo que evidencia es nuestro ser para la muerte, como dice Heidegger.

Esto no quiere decir que yo esté a favor de toda esa palabrería sobre los sentimientos, de eso de que «hay que hablar de los sentimientos». Para eso, me gusta mucho más el viejo ideal masculino de que de los sentimientos no se habla. Es fácil que un estado de ánimo se pierda en la palabrería.

Más vale mirar a tu alrededor, mirar las montañas, el cielo y las estrellas, y preguntarte qué es todo eso, por qué está ahí. ¿Significa algo que esté ahí? ¿Por qué existe? ¿Está ahí por alguna razón o es completamente fortuito?

¿Estás hablando de la sencilla verdad cristiana de que todo lo que hay tiene en sí algo de Dios?

Para los cristianos será así, pero los cristianos no son los únicos que se plantean estas preguntas. De hecho, es posible que los cristianos cavilen menos que aquellos que no se consideran cristianos. Aun así, yo tiendo a pensar que, para aquel que no cavila, la palabra Dios carece de sentido, porque sentirá pudor tan pronto como alguien pronuncie la palabra Dios, dado que una vez que pronuncias la palabra Dios ya estás presuponiendo, de alguna manera, a Dios.

La vida, la existencia, es estar enfrentado en cada instante al final, al cierre, a la muerte; de hecho, en cualquier momento, uno mismo puede poner el punto final. Vivir es tener libertad para la muerte, esa es la gran potencia de ser humano, y su mayor impotencia.

En cierto sentido, esa es precisamente la esencia de existir, la vida es una «estación fronteriza», como dice Heidegger, y él mismo es quien usa las comillas. En cada instante te enfrentas a la elección, estás dentro de esa elección. Y por tanto la libertad, la capacidad de elegir, es la esencia del ser humano, por decirlo así; no del ser humano en tanto que parte de la gran sociedad de los humanos, la humanidad, sino de ese ser humano que somos cada uno: cada uno de nosotros es único y está solo de un modo único.

Para escapar de sí mismo, el ser humano trata de entregarse al mundo, de desaparecer en él, en el día a día, en el trato con las cosas. Trata de desaparecer en lo ordinario, es decir, en aquello con lo que, en nuestros tiempos, nos encontramos cada vez con mayor frecuencia en el mundo de los medios de comunicación, es decir, una cultura popular trivializada: «Todos son el otro, nadie es uno mismo», dice Heidegger.

El hecho de que, en el fondo, no pertenecemos al mundo, sino que más bien estamos enfrentados a él con la consciencia, con el alma, en los estados de ánimo, es algo que por lo general está oculto o velado; hacemos lo posible por ocultarlo. Toda la ideología contemporánea, alimentada a diario por los medios de comunicación, nos dice que es eso lo que tenemos que hacer, que tenemos que desaparecer en las cosas, como productores, como consumidores, que tenemos que encerrarnos en el mundo para alejarnos de nosotros mismos, de nuestra propia soledad más íntima, una soledad que no se considera que nos vincule con Dios, por medio del silencio, sino que se ve como algo alarmante, algo que nos amenaza; tenemos miedo de nosotros mismos y de Dios, así de sencillo.

¿Intentas, como hizo Heidegger, crear un lenguaje propio para esta soledad íntima?

Sí, Heidegger crea sus propios conceptos para conseguir la distancia que necesita para decir lo que en su opinión hay que decir sobre lo que significa ser humano, y en esto se parece a cualquier artista merecedor de ese nombre: todo artista tiene, o crea, un lenguaje propio que permite que la existencia se revele en toda su unicidad, su particularidad, su idiosincrasia.

Eso, por lo menos, es lo que trato de lograr yo. Al escribir, aúno la forma y el contenido para generar una especie de distancia que permita ver aquello que es tan evidente que, por lo general, no se puede ver; es decir, lo básico y, en cierto sentido, lo banal.

Otra manera de decirlo es que cada poeta puede crear un solo poema, tiene en realidad un solo poema, y todo poeta que merezca ser llamado así se concentra en este único poema, lo escucha y trata una y otra vez de decirlo. Porque este único poema nunca podrá pronunciarse, es imposible de pronunciar. Sin embargo, es posible intentarlo, y se intenta una y otra vez. Y cuanto más te acercas a ese poema, tanto mejor poeta eres.

Esto rige también para el arte en general. Un gran pintor tiene un único poema, o más bien un único cuadro. Igual que un gran músico tiene una única música, que intenta tocar una y otra vez. En realidad, toco todo el tiempo lo mismo, dijo una vez el pianista Leif Ove Andsnes.

Pero tú escribes en varios géneros.

Para algunos autores, este único «poema» puede decirse tanto a través de la prosa como del teatro o de la poesía. Y yo, como es natural, me siento más emparentado con los autores que escriben en varios géneros. Por ejemplo, con Marguerite Duras. O con Peter Handke. Por no hablar de Beckett. O de Tarjei Vesaas. O de Lars Norén.

Quizá se pueda llamar «poesía» a aquello que es común a la escritura en los diversos géneros. La buena prosa y los buenos textos teatrales son igual de poéticos que un poema. La palabra poesía es una manera de denominar la calidad de la buena literatura, no el nombre de un género literario.

Por otro lado, me parece razonable hablar de tres géneros literarios principales, fue Goethe quien empezó a hacerlo: la literatura lírica, la épica y la dramática. Pero la poesía no es un género literario, sino una cualidad, y por tanto es imposible de definir. La poesía quizá se perciba especialmente en la escritura, pero también se percibe en el arte en general y, en el fondo, por todas partes en la existencia. La poesía puede brotar de pronto en una cara, por ejemplo.

Con la poesía pasa lo mismo que dijo Agustín de Hipona que pasaba con el tiempo: Mientras nadie me pregunta qué es, sé lo que es, pero en cuanto alguien me pregunta, me resulta prácticamente imposible decir qué es.

¿Tiene que ver con cómo se usan el tiempo y el espacio en los distintos géneros?

Sí, seguro que sí.

¿Cómo piensas el tiempo en el teatro en relación con el tiempo en la narrativa?

Quizá se pueda decir que la temporalidad no solo es constitutiva de la existencia, sino también de la narrativa como arte de la escritura. Y quizá un ideal de mi escritura sea el intento de sacar a la luz una «omnitemporalidad», una palabra que ha empleado recientemente Erich Auerbach en su libro sobre *En busca del tiempo perdido* (otro de esos mastodontes modernistas que resulta difícil de evitar). Mientras que el teatro, por lo general, está constituido espacialmente, la narrativa está constituida temporalmente. En el teatro, al menos en el que escribo yo, las magnitudes más importantes son la distancia y la cercanía emocional, es decir, magnitudes espaciales, relacionales; mientras que la magnitud más importante de la narrativa probablemente sea la temporalidad, el paso del tiempo, y la representación del tiempo, es decir, la longitud, que el tiempo sea corto o largo, que pase despacio o pasa deprisa, así que se trata de algo existencial.

¿Qué quieres decir con «omnitemporalidad»?
Es una especie de anulación del tiempo, por medio del tiempo. Que el pasado y el futuro desaparezcan en una especie de ahora –el prefijo latino *omni* significa todo, como en la palabra «omnipotente» que se aplica a Dios–, de modo que es una especie de totalidad-del-tiempo, una simultaneidad. Pero creo que me estoy poniendo demasiado especulativo.

En el fondo, esto es lo que he tratado de generar yo en mis últimas obras de teatro.

Lo que está claro es que escribir teatro, en cierto sentido, es escuchar algo espacial, mientras que escribir narrativa es escuchar algo temporal. En la narrativa, lo temporal ha de aparecer de un modo tan desnudo e inmediato como lo espacial en el teatro. Escribir buena narrativa es escribir relatos sin narrador. El narrador es aquel que habla, no aquel que escucha. Y escribir es escuchar. Aun así, resulta imposible escribir un relato sin ningún tipo de intermediario, lo sé. Pero el narrador, o los narradores, están ahí en un plano retórico, por no decir superficial. En realidad, es también imposible escribir una obra de teatro sin narrador, puesto que, en mayor o menor medida, las acotaciones son imprescindibles. Con el entusiasmo propio de la juventud, sustituí el concepto de «narrador» por el concepto de «escritor» y en la actualidad estoy, si cabe, aún más convencido de que es lo correcto. Es el escritor quien, con su voz callada, habla a través de la escritura. En la narrativa debe oírse una voz de la escritura, no la voz de un narrador. Y, en principio, el callado hablar de esta voz de la escritura es el mismo para el teatro que para la narrativa. Porque ni el teatro ni la prosa son retórica. Tanto el teatro como la narrativa son arte escrito, no oral. Y lo mismo pasa con la poesía moderna.

A aquel que habla como se habla en la poesía hay que considerarlo un chiflado. Lo literario se caracteriza precisamente por no dejarse decir; *Unspeakable Sentences* lo llama Ann Banfield en un libro que lleva el mismo título. Y esto distingue a la literatura de cualquier otro uso del lenguaje, también del habla, del hablar cotidiano.

Lo mismo pasaba con la antigua poesía de los escaldos, que, aunque era oral, era notablemente diferente al habla normal, ya fuera por el uso del lenguaje metafórico, de las perífrasis o del ritmo, acentuado por las aliteraciones. Las aliteraciones eran como los remaches de un barco escrito, iban remachando el texto martillazo a martillazo.

El lenguaje del arte poético es un lenguaje artificial, un lenguaje escrito. También el arte poético oral puede decirse que está escrito, si, con Derrida, se considera que la escritura es el lenguaje artificial, por decirlo llanamente. En este sentido, lo literario, lo escrito literariamente, existía como posibilidad antes de que existiera la literatura escrita.

¿Lo que estás cercando es la esencia de la poesía?

Sí, siempre que se tenga en mente la calidad. Un concepto más preciso para definir el arte poético en sí mismo, sin tener en cuenta la calidad, sería tal vez la ficcionalidad, que evita la evaluación. Se podría decir que la ficcionalidad es aquello que distingue la poesía, la literatura, de todos los demás tipos de uso del lenguaje. Käte Hamburger ha desarrollado una teoría que sostiene que el pretérito en la novela no expresa pasado, sino ficción, algo que se vive como un ahora, como un presente. Y dice que lo que llamamos «presente histórico» tiene la función de marcar algo, de hacer algo patente, sin situarlo en el tiempo. Y Hamburger tiene razón. Por lo demás, es muy interesante ver cómo, en las antiguas sagas nórdicas, se alterna constantemente entre el uso del pasado y del presente, a menudo en una misma frase. Lo mismo hago yo con frecuencia en mi narrativa.

Seguramente, la ficcionalidad surge cuando la forma y el contenido se hacen uno. Y la ficcionalidad merece la pena siempre que mantenga la poesía. Como digo, yo no escribo ni lírica ni teatro ni narrativa. Yo escribo poesía, soy poeta, o trato de serlo.

¿Estás hablando de la escritura como escucha?

Sí, porque para que una especie de poesía, una especie de espíritu, resulte cercano hay que escuchar a… Bueno, ¿a qué? En la medida en que pueda decirse, hay que decirlo tal como está escrito, sea cual sea el género en el que esté escrito.

Pero evidentemente hay también algo que caracteriza a la prosa, a la narrativa, más allá del hecho de que no está dividida en versos. He leído muchas y complicadas teorías narrativas que me han gustado mucho y me han resultado útiles, aun así, es como si estas teorías no acabaran de atinar con el objetivo. Lo determinante no es esta o aquella situación narrativa, sino otra cosa, algo que Thomas Mann tal vez rozara cuando hablaba del *Geist der Erzählung*, el espíritu de la narración.

¿Podrías ahondar un poco en esto?
Cada obra literaria tiene algo que la delimita, algo que la hace ser precisamente esa obra, ya se trate de un poema o de una novela. Y siguiendo a Thomas Mann, aparece aún otra forma de verlo: el hecho de que una obra literaria, una novela, tenga un espíritu propio, un espíritu que la unifica, es lo que la hace ser precisamente esa obra literaria. Y, de alguna manera, ese espíritu es el que narra en un texto narrativo y también lo que le da unidad a una función teatral.

¿Te gustan las buenas citas?
Pues sí, creo que sí. Una buena cita, una cita con peso, puede decir muchas cosas, y poner en marcha muchos pensamientos. Una cita puede albergar toda una filosofía, o toda una estética.

Y recurres a menudo a las citas alemanas, ¿estás apegado a la cultura en lengua alemana?
Clarísimamente. El pensamiento, la poesía –la línea Hölderlin-Trakl-Rilke-Celan es insuperable– y la música que más me importan provienen de regiones germanoparlantes, sobre todo de Austria. Aunque el

resto de la literatura que me importa tiene orígenes más variados. De todos modos, es evidente que la filosofía alemana es la que más me ha marcado.

El escritor ruso Joseph Brodsky dijo algo así como que «La poesía es más una aproximación a las cosas, a la vida, que una producción tipográfica». En la literatura, ¿hay que crear una distancia con la realidad?

Sí. Para mostrar la realidad, hay que crear una distancia con la realidad. O como dice Heidegger: el mundo desaparece en cuanto te introduces en él, y lo que queda son las cosas, el mundo cosificado. En realidad, desembocas en una especie de realismo, el de las novelas realistas, por ejemplo, desembocas en el realismo en lugar de en la realidad.

En Noruega, el realismo, las novelas realistas, han estado en general vinculados con las diferentes variantes del «radicalismo cultural»,* todas ellas igualmente idealistas y alejadas de la realidad, tanto en el modelo freudiano como en el marxista. ¡Ojalá yo nunca escriba novelas realistas! Prefiero atenerme a los valores conservadores, dado que vivo en un país en el que la gente se entrega al realismo y al pensamiento cosificado, en vez de atreverse a mirar la realidad cara a cara y asumir que somos criaturas mortales y sumamente frágiles, pero con la facultad espiritual de transcender la propia facticidad. De hecho, esta facultad acaba abriéndose camino en la

---

* En Noruega se emplea la expresión «radicalismo cultural» para denominar una actitud intelectual crítica y antiautoritaria, típica de la izquierda escandinava *(N. de las T.)*.

mejor literatura realista, dotándola de dimensiones transcendentales; al que escribe con talento le resulta sencillamente imposible evitarlo. En sí mismo, el talento contradice tanto el positivismo del radicalismo cultural como la reducción freudiana o marxista del ser humano.

Sacas a relucir la filosofía, ¿qué más ha marcado tu obra?

Es obvio que también me han marcado fundamentalmente mi infancia y mi juventud; el paisaje de Hardanger y de Karmøy será siempre mi lugar, del mismo modo que la lengua que aprendí a hablar y, con el tiempo, también a escribir, el neonoruego, será para siempre mi lugar, mi paisaje. Una infancia en una barca de madera con motor fueraborda, por decirlo así. También me ha marcado el lenguaje de la Biblia en neonoruego. Y la lectura, en especial la lectura de textos literarios.

Pero más allá de mi persona –de cómo vine al mundo y cómo me marcó mi infancia–, y de la literatura, tal vez sea la filosofía la que más ha marcado mi poesía anticonceptualista. Paradójicamente.

¿Qué autores han sido importantes para ti?

Ya he mencionado a Tarjei Vesaas, Knut Hamsun y Tor Jonsson, en la adolescencia. Algo más tarde fue Georg Trakl, en la traducción al neonoruego del poeta Olav H. Hauge. Y el resto de los poetas alemanes de la tradición de Hölderlin, Rainer Maria Rilke –Rilke nunca tuvo, por cierto, una residencia fija y siempre llevaba en la maleta un pequeño icono ruso y un pequeño crucifijo– y muchos otros. Son tantos que no tiene sentido enumerarlos, y soy tan cobarde que prefiero no mencionar a autores noruegos contemporáneos, a pesar de que varios de ellos han sido importantes para mí. Pero puedo incluir algunos nombres más: Virginia Woolf, Peter Handke y Torgny Lindgren. Tanto Handke como Lindgren son católicos, quizá también por eso siento una cercanía especial con su obra literaria.

De mi propia generación, más o menos, y sin mencionar a ningún noruego –si no menciono a ninguno, no me olvido de ninguno–, debo nombrar a Stig Larsson y Katarina Frostenson en Suecia, a Gyrðir Elíasson en Islandia, a Jóanes Nielsen en las islas Feroe, a Søren Ulrik Thomsen en Dinamarca y a Agneta Enckell en Finlandia –así quedan representados todos los países nórdicos–, y luego, por supuesto, a Sarah Kane en Inglaterra.

¿Qué autor es el que más te ha influido?

Un autor que sé que me ha influido es Beckett. Lo sé, pero no lo imito, sino que escribo hacia y contra él. El título de la primera obra de teatro que escribí, *Alguien va a venir,* es un comentario a *Esperando a Godot* de Beckett. He usado a Beckett como una pared, es alguien de quien partir y un padre contra el que rebelarse, por decirlo así. Pero, seguramente, las reminiscencias de Beckett se encuentran sobre todo en mis obras de teatro más recientes.

Y luego sé que estoy influido por Tarjej Vesaas. No sé exactamente en qué sentido, pero tendrá algo que ver con que los dos somos modernistas neonoruegos y con que compartimos orígenes bastante parecidos: él viene de un pueblo del interior de Telemark y yo de un pueblo del fiordo de Hardanger.

Por lo demás, quizá el autor más importante para mí sea Georg Trakl, que sin duda es el autor cristiano más crucial que conozco.

¿Dices que has dejado de escribir teatro?

Mi plan era escribir teatro intensamente durante unos cuantos años, que fuera una especie de arrebato dramático. Porque el teatro y yo nunca hemos sido una pareja natural. Yo soy tímido y me encuentro a gusto solo o en contextos sociales pequeños y seguros, bajo las luces del escenario no me siento nada bien. Creo poder decir que sufro de miedo escénico. No soy una persona de teatro, pero he acabado convirtiéndome en una. Paradójicamente, puesto que yo no tenía el menor deseo de escribir para los escenarios.

La gente dice que eso de que he dejado de escribir teatro no es más que palabrería, y lo cierto es que, si en algún momento surge una obra de teatro, pues surge y no la rechazaré. Pero no tengo planes de escribir más obras de teatro y declino todas las invitaciones que recibo relativas a escribir para la escena.

¿No tenías más que ofrecer como dramaturgo?

Creo que podría decirse que ya había escrito lo que tenía escribir, sí. Una obra fue siguiendo a otra y, de alguna manera, todas mis obras forman un solo un mundo, un solo universo, a la vez que cada una es un universo propio. He concluido mi escritura dramática. Y, en realidad, la idea de que, probablemente, nunca vuelva a escribir teatro propio me produce alivio. Es como si se me hubiera quitado un peso de encima. Esa es la verdad.

Pero para ser honesto debo decir que, al final, tampoco podía llevar mi dramaturgia más lejos, y no estoy pensando en lo artístico, sino en la fea palabra carrera.

Cuando un Patrice Chéreau ya moribundo regresó al teatro después de quince años para dirigir una obra mía, *Sueño de otoño,* primero en el Louvre, en una sala de la que habían sacado los cuadros para colgar lienzos vacíos –una sala, por cierto, cercana a la que muestra la *Mona Lisa*–, y más tarde en el Théatre de la Ville de París, adonde fue trasladada luego la producción y donde la vieron unas cincuenta mil personas, pensé que nunca volvería a ocurrirme nada parecido. Me resultó aún más patente cuando, justo después de *Sueño de otoño,* Chérau llevó a escena *Soy el viento,* en el Young Vic de Londres y, por primera vez, una obra mía recibió algunos elogios en la prensa inglesa. Ambas producciones se mostraron en varios de los festivales más importantes de Europa, por ejemplo, en la Wiener Festwochen. Afortunadamente, la producción de *Sueño de otoño* está también publicada en DVD. Pero Patrice Chéreau murió al poco tiempo. *Soy el viento* fue la última obra que montó y seguramente será también la última obra que escriba yo.

Lo cierto es que dudo de que pueda llegar a escribir una obra mejor o más verdadera que esa. Así que, también artísticamente, debía de haber alcanzado mi propio límite como dramaturgo.

Has escrito muchísimas obras de teatro en poco tiempo.

En total, unos cincuenta textos escénicos. Si excluyo las traducciones, las versiones y las obras propias que yo mismo he descartado, quedan treinta y tres obras de mayor o menor longitud, escritas a lo largo de unos veinte años. El primer estreno fue en 1994 y el de mi última obra en 2014, ambos en el Festival Internacional de Bergen, Festspillene, y ambos dirigidos por Kai Johnsen, un hombre que ha sido crucial para mí como dramaturgo y a quien estoy muy agradecido. Fue él quien me condujo al teatro. Sin la colaboración con Johnsen, yo nunca habría llegado a gran cosa como dramaturgo. La totalidad de las treinta y tres obras que he escrito se han estrenado, la mayoría se han montado varias veces y todas están publicadas en forma libro, tanto en neonoruego como en inglés. La mayoría ha salido también en francés y una gran parte de ellas en otras lenguas. Era suficiente.

Sin embargo, seguramente seguiré vinculado al teatro. Si tengo ocasión, seguiré traduciendo obras de teatro y escribiendo versiones; de hecho, he escrito ya varias versiones, en su mayoría de tragedias griegas, la más reciente de la *Orestíada*.

¿Renuncias al puesto de dramaturgo contemporáneo probablemente más representado del mundo?

Lo hago volviendo a ser lo que era antes de escribir teatro, algo en cierto modo muy poco importante: un prosista modernista en el seno del libro neonoruego. Pero es mejor así.

A veces la gente me pregunta si he dejado de escribir, pero eso es impensable para mí. Escribir se ha convertido en mi modo de vida. Si no escribiera, el vacío me resultaría demasiado grande. Para mí, escribir es lo que ahuyenta el dolor de la oscuridad. Escribir y, ahora, también la fe. Creo que me moriría si dejara de escribir, por lo menos si dejara de intentarlo. Como ya he dicho, nunca sé de antemano si lo voy a lograr. Se podría acabar. Nunca se sabe. Pero si las cosas salen como espero, en el futuro escribiré más, no menos. En parte, simplemente, porque la narrativa requiere más escritura que el teatro. Y como me dijo hace poco el director francés Claude Régy, que fue crucial para mi presentación en Europa –puso en escena *Alguien va a venir* en Nanterre-Amandiers, y la producción tuvo mucho éxito en Francia–: da igual lo que escribas, simplemente tienes que escribir.

Vivir es escribir, por decirlo de un modo rimbombante. Así que podría decir que, en parte, me concentro en la prosa porque me permite escribir más. Y además me da la oportunidad de hacer que la riqueza del neonoruego resuene con más claridad. En el modo en que yo he escrito teatro, el neonoruego no ha tenido el lugar que merece en mi escritura; lo que caracteriza mi obra dramática es la reducción, también la reducción lingüística. ¡Y tengo ganas de hacer que el neonoruego fluya como un torrente!

Por otra parte, he empezado a emplear un neonoruego más tradicional. En todas mis obras de teatro, y también en el resto de mi producción hasta la *Trilogía*, empleo el infinitivo moderno, acabado en *e*. Ahora empleo el infinitivo antiguo, acabado en *a*. También me gusta usar palabras y expresiones que ya casi no se utilizan, pero que aparecen en la literatura neonoruega. Y pienso escribir literatura de ficción, no ensayo.

¿Cuál es, en tu opinión, la diferencia?
La principal diferencia entre el ensayo o literatura especializada y la literatura de ficción es que la literatura de ficción habla en, y a través de, la forma, con lo cual el ritmo, por ejemplo, la sintaxis, es crucial, mientras que en el ensayo lo más importante es el contenido. Dicho de un modo sencillo, la literatura de ficción es arte escrito y el ensayo no.

Esto quiere decir que, en la ficción, la forma y el contenido forman una unidad, mientras que en el ensayo están separados. La íntima relación que hay en la ficción entre forma y contenido se aprecia en todo, por ejemplo en la importancia de los signos de puntuación: la colocación errónea de una pausa, o de una coma, puede transformar lo perfecto en imperfecto y romper la unidad de forma y contenido. Escribir es «colocar palabras a lomos del ritmo», decía Virginia Woolf. Como la coma es tan importante para el ritmo, para la fluidez, de una frase, resulta que es simplemente imposible escribir bien en noruego si se siguen las reglas de puntuación para las comas.

Wittgenstein dice que hay que pensar el signo de puntuación como una palabra. Y es correcto. En mi dramaturgia, no uso signos de puntuación en los diálogos, simplemente escribo «pausa», «pausa breve», etcétera.

Para explicarlo, Wittgenstein dice que puedes imaginarte los signos de puntuación como objetos en una habitación, como mesas, sillas y libros; eso está bien dicho y bien pensado. Casi todo lo que hay que decir de la coma en el neonoruego lo dice Marius Hægstad en su libro *Norsk Maallæra* [Enseñanza de la lengua neonoruega], que salió en 1905: se pone una coma cuando conviene «una pausa en la lectura». Hay quien no entiende que hay diferencia entre escribir «Sí lo sé» y «Sí, lo sé», como por ejemplo Finn-Erik Vinje, que odia el neonoruego. Eso es cosa suya. Seguro que a Finn-Erik Vinje le va bien así, al fin y al cabo, ha enumerado treinta y dos reglas para el uso de la coma, si se incluyen los subpuntos. Es suficiente.

Me ha venido a la cabeza otra distinción, no entre el ensayo y la ficción, sino entre la ética y estética. Tú has tratado de escribir sobre lo que ocurre «cuando un ángel pasa por el escenario», esto es, sobre lo que ocurre cuando una buena función produce un sentimiento intenso y revelador en todos los presentes, tanto en los que están sobre el escenario como en los que están en las butacas. Has dicho que, en ese momento, la ética y la estética son lo mismo. ¿Qué quieres decir con eso?

Para mí es evidente que la ética y la estética están relacionadas. «Ethik und Ästetik sind Eins», dice Wittgenstein. Siempre se puede probar a imaginarlas separadas, pero entonces se deja fuera algo que no habría que dejar fuera, lo uno no se entiende sin entender lo otro.

Pongamos como ejemplo el teatro. Toda obra de teatro buena muestra hasta qué punto estamos atados los unos a los otros y cómo, hasta cierto punto, nos creamos los unos a los otros. Las obras de teatro no tratan tanto de los «personajes», sino de cómo la interacción social hace que suceda lo que sucede. Y de las fuerzas que nos dirigen de un modo invisible, digamos. Esto vale para el texto. Y vale también para la representación.

La calidad de un actor depende en gran medida de lo bueno que le hagan ser los demás actores. El mayor talento que puede tener un actor es la capacidad de conseguir que los demás le hagan bueno a él.

Se puede decir que, en el teatro, todo el mundo se somete a los demás. También los espectadores se someten, están ahí en su butaca y ahí tienen que quedarse. Además, los actores se someten al público, el director se somete al texto, y el dramaturgo, el buen dramaturgo, tiene que someterse a aquello que obliga a emerger a la escritura. Todo ocurre bajo las premisas de otras personas, bajo las premisas del otro y de lo otro.

En el teatro se sabe perfectamente que no todo está en nuestras manos, tú puedes hacer todo lo humanamente posible, pero el último resto, el impulso determinante, puede llegar o no llegar. No es de extrañar que haya tanta... superstición, supongo que habrá que llamarlo así, en el mundo del teatro. En el teatro estás a merced de fuerzas que no controlas. ¡Mucha mierda! ¡Toi toi toi!

Una obra de teatro, una producción teatral, es un fenómeno estético, evidentemente, pero, en el fondo, lo que encontramos es una relación ética.

Igual que en la novela –creo que no voy a poder evitar ese concepto, quiera o no quiera–, que es el género en el que todo el mundo tiene derecho a que lo comprendan, como decía Milan Kundera. En pocos sitios se puede ver mejor al otro que en la novela. La propia lectura de los textos de ficción trata también, creo, sobre el encuentro entré tú y el otro, quizá incluso del encuentro entre tú y lo otro. Y tu relación con el otro y con lo otro tienen algo en común.

Llevándolo al extremo, se podría decir que se trata de ver a Cristo en el otro. De ver lo que hay de Dios en el otro.

En mi opinión, el arte poderoso, más que cualquier otra cosa, defiende la dignidad humana, la ensalza. La dignidad humana no puede demostrarse, pero el arte, tal como yo lo entiendo, es en el fondo y de cierta manera una transformación de aquello de Dios que hay en el ser humano, de lo singularmente universal en el ser humano; se podría decir que la demuestra mostrándola.

El arte muestra que es así. Por el mero hecho de ser una persona, eres también Bach, por decirlo así, aunque seas incapaz entonar una melodía sencilla sin desafinar.

Y quizá precisamente por eso los dirigentes de la Unión Soviética consideraban tan peligroso el arte: el arte defendía una humanidad que aquel régimen ideológicamente depravado no respetaba. Por eso sometieron el arte a la censura y a los artistas a la violencia. ¿Opinas que la literatura tiene que estar abierta a la dimensión religiosa o espiritual en la vida para ser buena?

No, pero al final ocurre de todos modos. Es algo subyacente a lo literario, al arte en cuanto que arte, cuando es arte. Y esto implica que el arte no necesita esforzarse por ser novedoso, innovador. Si es arte, será por definición innovador.

El que cualquier artista que merezca el nombre de artista se parece a sí mismo, es otra cosa. Todo poeta escribe siempre el mismo poema y, sin embargo, todo poema logrado, toda obra de arte lograda, es nueva cada vez. Es una paradoja.

¿Escribir te aporta una especie de seguridad?

Sí. Me aporta una especie de casa en la que estar. Escribir poesía es vivir en el lenguaje, por decirlo así, y una vez más hablo con Heidegger, que dice que el lenguaje es la casa de la vida, la morada de la existencia, el hogar del ser humano. Y ese hogar está protegido por los poetas, dice Heidegger, que protegen el lenguaje de aquellos que solo quieren usarlo como instrumento para conseguir cosas.

Wittgenstein dice que los límites de mi lenguaje son los límites de mi mundo, y añade que el yo es su mundo y que mundo y vida son lo mismo, pero luego dice, y esto es lo verdaderamente interesante, que el sujeto –yo lo interpreto como la existencia del ser humano, el ser del ser humano– no pertenece al mundo, sino que está ahí como «una frontera contra el mundo», y lo compara con el ojo y el campo de visión: el ojo que ve, no se ve a sí mismo. Y además dice que el sentido del mundo, aquello que lo hace lógico, y no casual, tiene que estar fuera del mundo.

¿Por eso resulta erróneo pensar en Dios como un ser?

Para mí es totalmente erróneo, aunque quizá para los cristianos haya sido habitual pensarlo.

Pero sobre Dios no se puede decir nada, a diferencia de todo lo demás que existe dentro del mundo. Dios es de un modo completamente distinto a como es todo lo demás.

¿La lectura de Heidegger ha tenido importancia para que ahora seas cristiano?

Sí. En mi opinión, cuando el ser humano asume su propia libertad y asume que cada uno tiene «su tiempo», es cuando puede abrirse a Dios.

Y es entonces cuando puede surgir esa pregunta que acompaña a toda poesía: ¿Por qué el ser y no más bien la nada?

O como dice Wittgenstein en el *Tractatus:*

> Nicht wie die Welt ist, ist das Mystische, sondern daß sie ist. Die Anschauung der Welt sub specie aeterni ist ihre Anschauung als – begrenztes – Ganzes. Das Gefühl der Welt als begrenztes Ganzes ist das mystische.

> Lo misterioso no es cómo es el mundo, sino más bien el hecho de que sea. La visión del mundo *sub specie aeterni* es su visión como un todo limitado. El sentimiento del mundo como un todo limitado es el sentimiento místico.

Y luego: «Es gibt allerdings Unaussprechliches. Dies zeigt sich, es ist das Mystische», esto es, sin duda existe lo indecible. Esto se muestra, es lo misterioso.

De modo que lo misterioso –que puede verse, pero no decirse– es que el mundo existe como un todo limitado. Una vez que entiendes esto, empiezas de verdad a ver y a asombrarte y a pensar. Y, en realidad, a hacer poesía.

Y entonces caes en la cuenta de que, aunque se hubieran solucionado todos los problemas científicos, no se habría dado respuesta a las grandes cuestiones que plantea la existencia al ser humano.

Y las respuestas que puedan encontrarse a esto último no serán respuestas dentro de los límites lingüísticos habituales, sino que serán respuestas paradójicas, como las que puede dar, por ejemplo, el cristianismo.

El ser es la transcendencia, dice Heidegger, es lo que está más cerca y a la vez más lejos del ser humano. ¡Qué fácil resultaría sustituir aquí la palabra ser por Dios! Entonces, diríamos que Dios está tan cerca que no lo notamos.

Lo que es la vida humana no se ve hasta que se ve desde el límite que constituye la muerte. Y, como explican con tanta claridad Rudolf Bultmann y los demás teólogos existencialistas, puedes elegir la locura que constituye la fe cristiana –por decirlo como san Pablo–, y por tanto creer, o puedes no elegirla. Puedes decidir que tú mismo, tu soledad y tu libertad para la muerte son parte de Dios, o puedes escoger verte a ti mismo únicamente como parte del mundo, como una cosa más del mundo, quizá como una *res cogitans,* una cosa pensante, que es lo que Descartes y muchos otros después de él consideran que es el ser humano.

Vuelves constantemente al concepto de «ser». ¿Qué entiendes tú por este concepto?

¡Buena pregunta! Este concepto se emplea de maneras muy diversas y a niveles muy distintos. ¿Qué significa en realidad? Supongo que lo mejor es dejar que el significado de este concepto se mueva con el contexto en el que se encuentra: cuando significa aquello que es común a todo lo que es, es decir, «el ser», seguramente sea el concepto más abstracto de todos, pero cuando significa «ser», que algo simplemente es, como son por ejemplo las cosas, es el concepto más concreto de todos.

También puede significar la existencia humana, donde lo que es singularmente recibe un nombre, llega a ser, en cierto sentido, recibe el ser. Supongo que a eso se refiere Heidegger cuando dice que el lenguaje es la morada del ser: lo que es en el lenguaje tiene un nombre y un concepto, y se entiende como ser. El lenguaje, dice Heidegger, es el lugar donde aparece el ser y, en cierto sentido, es el lugar donde aparece Dios.

Yo creo que es verdad lo que dicen Tomás de Aquino y Eckhart: si algo se puede decir de Dios es que es ser absoluto.

Entiendo lo que quiere decir Hegel cuando afirma que el puro ser y la nada son lo mismo. Y entiendo a ese Hegel que dice que el ser es la cercanía indeterminada. Y no puedo evitar pensar que el ser absoluto, o puro, es Dios.

Cuando Moisés le pregunta a Dios cómo se llama, la respuesta es «Yo soy».

En una conversación con Heidegger, un interlocutor japonés le dice que lo que Heidegger llama ser es lo que, en la cultura japonesa, llaman «vacío». En ese caso, se podría decir que Dios es el vacío.

Y ahí es donde entra Jesucristo y transforma el vacío en plenitud, en algo con lo que los seres humanos podemos relacionarnos, a través de las palabras, a través del lenguaje. Dios abandonó su vacío y se hizo hombre, y lenguaje, en y con Jesucristo.

Entonces ¿Dios existe en el lenguaje?

«En el principio fue el verbo», se dice. Y quizá me atrevería a decir que algo de Dios está presente en el lenguaje y en la verdadera poesía. Solo que no me gusta decirlo en voz alta. Es una de esas cosas que no se deben decir, que deben decirse callando, que solo pueden decirse callando. Lo sagrado solo se muestra si está escondido. El viento de lo sagrado solo puede notarse, no decirse.

Y si Dios puede notarse en el lenguaje, tendrá que ser como un anhelo no pronunciado de lo que no tiene lenguaje, de lo que no está escindido, de lo que es puro ser, pura nada.

Has estado en la oscuridad, has sufrido angustias, fobias y depresiones. ¿Tu escritura, tu lenguaje, es autoayuda?

Sí, quizá no me guste admitirlo, pero desde que empecé a escribir, la escritura ha sido mi terapia, ha sido una especie de automedicación. Durante años, lo primero que hacía al despertar era vomitar. Menuda manera de enfrentarse al día. Afortunadamente hace ya mucho de eso; la vida mejora con la edad, esa es mi experiencia. Después de ese ritual, me ponía directamente a escribir. Y al forzarme a entrar en la escritura, accedía a un mundo particular, al mundo que es la escritura, y así era como volvía a entrar en el mundo cotidiano. A medida que avanzaba el día, el mundo cotidiano se me iba haciendo llevadero. Podría decirse que me drogaba con la escritura y, a partir de los treinta años, o incluso antes, luego pasaba a drogarme con alcohol. Durante muchos años, no bebía demasiado, aunque sí me tomaba una copa de whisky, o tres, y con el tiempo pasaron a ser grandes cantidades de alcohol, pero esa es otra historia. El caso es que me forzaba a escribir porque sabía que, una vez que empezaba a hacerlo, todo me resultaba más sencillo; la escritura reemplazaba al miedo, la inquietud, la tristeza o cómo quiera llamarse.

En cualquier caso, lograba alejarme de mí mismo. Para mí escribir nunca ha sido un deseo de expresarme, ni tampoco de decir algo sobre eso que la mayoría de la gente entiende por realidad, se trata más bien de abrirme paso a la verdadera realidad, la realidad que no está mediada, ideologizada ni interpretada. Es un deseo de acercarme a lo verdaderamente elemental de la realidad. Supongo que será una especie de deseo fenomenológico, un intento de escribir fenomenológicamente. Puede que haya gente a la que esto le dé miedo, a mí me da seguridad. No cabe duda de que tanto la escritura como la embriaguez te alejan de ti mismo, hay similitudes.

Marguerite Duras, una escritora con la que me siento emparentado, dice que la escritura «es lo desconocido»: «Escribir (...) es una especie de facultad que tiene uno a su vera, en paralelo a uno mismo, procede de otra persona, que aparece y se mueve hacia delante (...)».

Entiendo perfectamente lo que Duras quiere decir. De la misma manera que entiendo perfectamente lo que quiere decir –Duras estuvo muy alcoholizada durante ciertos períodos de su vida y, por increíble que parezca, se bebía hasta ocho o nueve botellas de vino al día– cuando dice: «El alcohol no consuela, no rellena vacíos psicológicos, todo lo que llena es la ausencia de Dios».

Tanto la escritura como la embriaguez recuerdan a la fe, porque también la fe me aleja de mí mismo, y me lleva a mi interior, al lugar donde realmente soy yo mismo y no hay angustia.

Así que tal vez en la literatura también se pueda distinguir, de cierto modo, entre el «conócete a ti mismo» de la filosofía socrática y el «olvídate de ti mismo» del cristianismo. Aunque, al final, supongo que las dos cosas tratan de lo mismo.

Pero no todo el arte es así, en absoluto.

Noto enseguida cuando el arte está centrado en el propio artista, cuando es autoveneración, y ese tipo de arte me produce rechazo.

Un escritor noruego, no recuerdo quién, dijo que para escribir bien no había que escribir sobre lo mejor de uno mismo, sino sobre lo peor. Y algo de razón tenía.

Mi ideal es evitar mis propias vivencias privadas. Nunca he usado nada que yo mismo haya vivido sin reescribirlo. Jamás. He probado a hacerlo, pero lo que sale no es literatura. La literatura hay que inventarla, hay que escucharla, sacarla a la luz y elevarla. Hay que darle vuelo. Debe volar.

Para mi propia escritura, esto implica ponerme escribir sin haber planeado nada. Simplemente me pongo a escribir. Y cuando empieza bien, el comienzo de alguna manera trae consigo todo lo demás, es curioso. Y en cierto momento del proceso de escritura, surge la sensación de que ya está todo escrito. Y ya solo tengo que pasarlo al papel antes de que se pierda. Para mí escribir es escuchar. Escribir es una escucha a lo grande.

Has dicho que la escritura te abrió a lo religioso. ¿Cómo pudo la escritura abrirte a Dios?

No es nada difícil porque notaba que, cuando me salía bien, no era yo quien escribía, sino que había en mí algo que escribía, algo que no era yo. Surgían poemas, relatos, obras de teatro, que yo no había ideado. Aparecía algo que yo no conocía de antes.

Lo que ocurre en la propia escritura me resulta incomprensible. No puedo forzar el surgimiento de una obra. La recibo como un regalo. La saco a la luz escuchando, como un regalo. No me atrevo a usar la palabra gracia. Sería demasiado grande, suena casi un poco blasfemo. Pero sí que se trata de un don. Ahora bien, para conseguir ese don tengo que trabajar duramente. No sirve de nada sentarte a esperar que de pronto caiga algo sobre el papel. Hay que sacarlo a la luz por medio de la escucha. En parte, hay que forzarlo a salir.

Porque escribir puede ser un trabajo duro, en mis períodos más tristes fue un trabajo muy duro. Casi sentía que tenía que arrancarme las palabras de mi propia carne. Aun así lo hacía, porque sabía que una vez que empezaba a fluir, que entraba en la escritura, todo iba mejor. De modo que para mí hay algo de verdad en eso que se dice de que Dios ayuda a quien se ayuda a sí mismo.

¿Tus textos están inspirados en Dios?

No, nunca me atrevería a decir eso. Y tampoco lo creo. Pero, como es bien sabido, hay muchas cosas entre el cielo y la tierra, entre las «cosas invisibles», como se dice en el credo niceno.

Cuando leí que Kafka decía que, para él, escribir era como rezar, me di cuenta de que a mí me pasaba lo mismo. Es una especie de rezo. Sobre todo mis primeros libros, los más oscuros, son rezos. Quizá también mis obras más recientes. Tal vez incluso toda la literatura de ficción que he escrito.

Aunque he pensado que ahora que he separado el rezo de lo demás, ahora que el rezo se ha convertido en algo aparte, es posible que mi escritura deje de ser rezo. Quizá pase más bien a ser reflexión, un lento titubeo, un intento de entender, de sacar a la luz lo hermoso, la belleza, y no lo doloroso ni lo feo. En la medida en que sea posible. Pero es que tal vez lo hermoso provenga, o tenga como presupuesto, lo feo.

Pero del futuro no se puede hablar. Ni siquiera sé si lograré escribir más obras propias. O lo logro o no lo logro. De alguna manera, no está en mi mano decidirlo. Pero al menos lo voy a intentar, seguiré intentándolo. Y si se ha acabado, pues se ha acabado. En eso caso, me lo tomaré con tranquilidad y me conformaré con ello. He tenido ocasión de escribir mucho, en total he publicado unos cincuenta libros, cincuenta por lo menos. La verdad es que he perdido la cuenta y, tal vez, sea mejor que no sepa cuántos libros he escrito. ¡Prefiero no saberlo!

El caso es que te deshiciste del Dios de los otros y de la fe cristiana en la que creciste. ¿Necesitabas hacer eso para encontrarte a ti mismo como escritor y, de esa manera, reencontrar a Dios?

Sí, puede que tengas razón, aunque yo nunca lo haya pensado así. A mí me resulta casi blasfemo emplear la palabra Dios, al menos en este contexto, pero la verdad es que todo el misterio, todo el arte, había desaparecido de la imagen de Dios con la que yo me crie. De alguna manera, aquella imagen de Dios estaba completamente secularizada. Se la habían tomado al pie de la letra, la habían mundanizado, y ya no tenía nada que ver con lo incomprensible, con lo indecible.

Los radicales de izquierdas con los que me juntaba en mi infancia y mi juventud, y entre los que hasta cierto punto aún me sigo contando, rechazaban por completo la fe y el cristianismo, y la palabra Dios no podía ni mencionarse, mientras que los luteranos y la gente de la Iglesia baja rechazaban el arte, y en el pasado se dedicaron a destruir violines populares y cosas así.* Había mutua exclusión y mutua confirmación.

De modo que estabas doblemente desalojado: eras demasiado religioso para los políticamente radicales, y demasiado políticamente radical para los creyentes.

Supongo que se podría decir así. Durante una época me sentí cercano al viejo Partido Comunista Noruego, al NKP, y durante varios años estuve abo-

---

* El principal instrumento de la música popular noruega tradicional es el violín de Hardanger, que tiene ocho o nueve cuerdas *(N. de las T.)*.

nado al periódico comunista *Friheten* [La libertad], pero nunca fui miembro del partido, la verdad es que nunca he tenido carnet de ningún partido político. Aun así, el NKP quiso ponerme en su lista de parlamentarios por la provincia de Hordaland, supongo que tendrían problemas para llenarla, pero decliné la oferta diciendo que ni siquiera estaba seguro de que fuera a votarles en las elecciones. Mi simpatía por los viejos comunistas debía de tener que ver con mi aversión al consenso y, en cierto sentido, también con mi aversión a lo políticamente correcto. También debía de estar relacionado con cierta atracción hacia lo eslavo. Pero nunca he creído en el llamado marxismo-leninismo científico. Otro asunto es lo mucho que se puede aprender leyendo a Marx; sobre todo, sus teorías sobre la alienación. Y luego está el deseo de que la sociedad esté regida por algo distinto al capital, lo cual, evidentemente, también forma parte de la doctrina católica.

En el ensayo Negativ mystikk [*Mística negativa*], *de 1993, describes cómo te ha moldeado el puritanismo noruego. ¿El puritanismo es solo destructivo?*

No, con el tiempo he empezado a verme a mí mismo como una especie de puritano. Perdí toda la fe en el potencial explicativo de las ciencias sociales y humanas positivistas cuando estudié sociología en Bergen.

Después de aquel chocante encuentro con la simpleza positivista de la sociología de Bergen, empecé a estudiar filosofía. Heidegger me abrió los ojos en muchos sentidos, me hizo entender, por ejemplo, cómo debían de sentirse los cristianos de las casas de oración de mi tierra, cómo su fe y sus maneras de expresarse, su lenguaje, eran un estado de ánimo afianzado en la seguridad de su comunidad de opiniones, cuando año tras año entregaban a los suyos a la misma tierra con la que tenían que luchar el resto del año.

Mi antipatía se transformó en simpatía. La estrechez de mi cabeza se abrió y empecé a entender la poesía del lenguaje religioso y de lo religioso en el ser humano. A mi manera, me convertí en un creyente, aunque sin vinculaciones religiosas claras. Se podría decir que la literatura, la escritura, pasó a ser una especie de religión y, más adelante, me vinculé con el movimiento de los cuáqueros.

La casa de los cuáqueros de Stakland, en la provincia de Ryfylke, es y será el templo más bonito que conozco. Ni la basílica de San Pedro ni la catedral de San Esteban pueden medirse con ella. También las casas de oración de la comarca, la mayoría ya fuera de uso y a punto de derrumbarse, me parecen ahora hermosas. Cuanto más modestas, más hermosas. Como ya he dicho, empecé a apreciar los lados positivos del puritanismo noruego. En el puritanismo existe la idea de que no necesitas gran cosa, hay una mentalidad austera, la idea de que debes arreglártelas con poco y escoger lo funcional y lo sencillo. Si se quisiera usar un concepto estético moderno, podría llamársele minimalismo, claro. Los antiguos objetos de los cuáqueros son muy hermosos, prefieren lo mínimo a lo máximo. Igual que yo en mi obra.

Esto es exactamente lo contrario de lo que se hace en una tradición católica, por ejemplo en la vienesa, donde el ideal está en lo barroco, lo recargado. La Contrarreforma quería demostrar a la Reforma de lo que realmente era capaz. Y así es la preciosa iglesia parroquial del siglo XVII de Hainburg an der Donau, que ha sido mi parroquia desde que vivo parcialmente allí, a las afueras de Viena. De modo que, para mí, lo minimalista y lo recargado tienen algo en común, con lo que yo no puedo es con lo que está en medio.

Y esa es la paradoja, es una especie de *coincidentia oppositorum*, un concepto que ha llegado a ser importante para mí y que he tomado del libro *De docta ignorantia,* del cardenal y humanista renacentista alemán Nicolás de Cusa, que era, por cierto, hijo de un capitán de barco. Todo yo soy una especie de *coincidentia oppositorum*. Resulta extraño que siga entero, pero, a mi manera, lo estoy. Así que pienso que mi centro debe de ser fuerte, robusto y sin contradicciones.

La idea de rechazar el mundo recorre todo el Nuevo Testamento. O me sigues a mí o sigues al mundo, dice Jesucristo.

Sí. Es una idea fundamental del Nuevo Testamento, la idea de que hay que elegir.

Si eliges creer, al menos pasas a formar parte de una comunidad de creyentes que lleva ahí desde el tiempo de los apóstoles y los primeros discípulos, y que todavía existe. Como mínimo, el creyente forma parte de esta comunidad, que tiene una enorme fuerza espiritual, una fuerza que proviene de los vivos y también, de esto estoy seguro, de todos los muertos. Y no solo de los que han sido nombrados oficialmente santos. Es una fuerza que procede de todos los que «han encontrado el camino a casa», por citar a mis antepasados pietistas.

Pues sí, pensar en eso puede aliviar la gran soledad que hay en el fondo de todos los seres humanos. Porque, como ya he dicho, la existencia mundana es, en el fondo, soledad.

¿Tienes miedo a morir?

Curiosamente, nunca he tenido miedo a morir. Probablemente tenga que ver con esa experiencia que tuve al estar tan cerca de la muerte. A mí me dan miedo todo tipo de cosas, pero curiosamente no me da miedo la muerte.

Sin embargo, sé que muchas personas tienen miedo a morir. Y aunque no tenga miedo a la muerte, sí he tenido angustia y ataques de pánico, un miedo irracional, que puede estar relacionado con cualquier cosa y es tan jodido que resulta difícil de explicar. Las palabras de Heidegger sobre la angustia me resultan casi consoladoras cuando dice que la angustia puede ser beneficiosa porque te hace ver tu propia existencia. La angustia te arranca brutalmente de la marcha regular del día a día, crea una distancia con el «así pasan los días» y hace que te veas a ti mismo, desde fuera, como lo que eres: un ser que todo el tiempo se elige a sí mismo en un movimiento continuo hacia su propia abolición; en cierto sentido, eres una nada.

Y luego le toca a cada uno buscar la respuesta a aquello del «de dónde» y «adónde». Yo, por mi parte, me he convertido al catolicismo y me considero cristiano. En realidad, podría hacer mías las palabras del poeta Rolf Jacobsen cuando dice que, en parte, se debe a que no tenía «ningún sitio donde estar».

Has dicho que, por experiencia, sabes que el sufrimiento personal puede ser un bien. ¿Qué quieres decir con eso?

Supongo que serían palabras de consuelo. Quien no sufre no llega a ser una persona educada. Si tienes una depresión patológica, sufres muchísimo, y muchos acaban su vida en esa oscuridad. El hecho de que ahora haya tantos buenos antidepresivos debe de haberle salvado a mucha gente. La verdad es que el ser humano hace muchas cosas buenas. No todo el mundo se quiere mucho a sí mismo y, a esa gente, le cuadra especialmente mal el mandamiento «amarás al prójimo como a ti mismo». Si esa gente ama a alguien, es a los demás, no a sí mismos. Decían de un músico de Vestlandet, que se mató bebiendo hace unos años, que era bueno con todo el mundo excepto consigo mismo.

¿Qué relación tenías con Dios cuando eras joven?

Diría que era una relación buena y silenciosa. Y quizá eso sea lo mejor, que la relación simplemente sea y no tenga nada que ver con lo que se hace. Estar en algo, en lugar de hacer algo.

Lo único que yo hacía orientado hacia fuera era escribir y luego publicar lo que escribía. La escritura, en cierto sentido, era mi religión, pero eso no quiere decir que Dios no esté también presente en la escritura como religión.

Una cosa es creer en Dios, pero ¿por qué te volviste hacia la Iglesia católica? En el libro Jon Fosse. Poet på Guds jord *[Jon Fosse. Poeta en tierra de Dios], dices: «No siento ninguna necesidad de convertirme al catolicismo». ¿Qué pasó?*

Es una larga historia y la contaré lo mejor que pueda. A mediados de los ochenta, mientras hacía servicio como objetor de conciencia en Oslo y dirigía un periódico llamado *El objetor de conciencia*, empecé a acercarme a la Iglesia católica. No sé exactamente por qué. Pero como no pertenecía a ninguna comunidad religiosa y, aun así, era creyente a mi manera, supongo que sentía la necesidad de participar en alguna comunidad litúrgica. Fue entonces cuando la Iglesia católica surgió como un quizá, como algo que tal vez pudiera ir conmigo; en parte, sin duda, debido a la fuerte aversión que sentía hacia la Iglesia estatal y el ambiente de la Iglesia baja. Recuerdo que compré bastante literatura católica en la librería de San Olav, que la leí y que no me disgustó en absoluto.

Luego volví a mudarme en Bergen y fui un par de veces a la iglesia de San Pablo, pero me resistía a acudir a las reuniones de formación y a hacer todo lo demás que requería la conversión. Además, no tenía nada claro que fuera correcto hacerlo.

Siempre –tanto antes como ahora– me he sentido cercano a los cuáqueros, así que preferí acercarme a la pequeña comunidad cuáquera y participé en algunas de sus reuniones silenciosas, aunque no me inscribí. Me parecía que había algo anticuáquero en el hecho de formar parte de una organización cuáquera. O se tiene una institución y una organización, con párrocos, jerarquías y sacramentos, o no se tiene.

En cierto sentido, se puede decir que el movimiento cuáquero es el protestantismo consecuente: Lutero y otros se quedaron a medio camino, mientras que los cuáqueros lo llevaron hasta el final, y ahí vuelve a surgir el misterio en la fe, porque, como ya he dicho, los contrarios tienden a encontrarse de alguna extraña manera.

En muchos sentidos, sigo sintiéndome cuáquero, aunque ahora sea católico. Y no lo vivo como una contradicción.

Le encontraba mucho sentido a eso de sentarme en silencio entre un círculo de cuáqueros. A veces, incluso podías notar una especie de cercanía de Dios.

En la vivencia, encuentro muchas similitudes entre las silenciosas reuniones de los cuáqueros (con esa intensidad del silencio) y la misa católica (con la intensidad y el silencio de la comunión). En cierto sentido, la misa católica también es silenciosa, aunque esto resultara más evidente cuando la misa se decía en latín, hasta 1965. Pero incluso cuando la liturgia se dice en noruego, ocurre que aquello que se repite una y otra vez pasa a ser una especie de silencio. Y este silencio puede colmarnos de una incomprensible densidad de sentido.

¿Cuál fue tu principal motivo para convertirte?
Obviamente, los motivos por los que me convertí fueron diversos y compuestos. Tras muchos años de dura escritura, de viajar constantemente para acudir a estrenos por medio mundo –hubo años en

que estuve más de la mitad del año viajando– y de consumir grandes cantidades de alcohol durante algunos periodos, y después de mi segundo divorcio, pues sencillamente colapsé, en sentido literal: me caí redondo. Ni más ni menos. Y sin duda tuvo mucho que ver con que bebía demasiado. Llevaba bebiendo a diario, a partir de las cinco de la tarde, eso sí, desde finales de los ochenta, y estaba a gusto con eso. Rara vez me emborrachaba, pero como me cuesta sentirme cómodo en los grandes eventos sociales, sobre todo en los oficiales, siempre recurría a mi querido whisky para armarme de valor. Para ser sincero, he de decir que tengo mucho que agradecerle al alcohol. Nunca habría conseguido lo que he conseguido en la vida si no hubiera sido por el alcohol, así que nunca me haré abstemio. Y con esa timidez que, para bien y para mal, caracteriza el alma popular noruega, creo que el país prácticamente se pararía si desapareciera el alcohol.

Pero yo acabé descarrilando: las cinco pasaron a ser las cuatro y durante unos meses bebí, literalmente, día y noche. Nunca estaba borracho, pero durante algunos meses mi cuerpo necesitó grandes cantidades de alcohol simplemente para funcionar de un modo normal. Además, perdí por completo el apetito. Los últimos meses que me mantuve en pie, se podría decir que viví a base de vino tinto y vodka. Y al final me caí redondo.

Después de pasar unas semanas en el hospital, volví a casa tambaleándome. Y desde ese día no he vuelto a probar el alcohol. Qué fuerza de voluntad, dice la gente, pero no tienen ni idea de lo que hablan. No me resultó nada difícil dejar de beber, aunque la deshabituación fue dura. Una vez que vives lo que he vivido yo con el alcohol, se te quitan para siempre las ganas de beber.

¿Te avergonzabas de que el alcohol dominara tu vida?

No, no me avergonzaba. Pero acabé entendiendo que lo que hacía era una especie de suicidio prolongado, que desde luego no deseaba conscientemente. El hecho de que no me avergonzara, ni me avergüence, tal vez tenga que ver con que soy artista y tengo la típica alma del artista, y con que tantas almas amigas han compartido y comparten el problema. El alcoholismo no es un fenómeno desconocido entre los poetas y los músicos. Todos los escritores son un poco borrachos, decía el escritor y poeta Ole Robert Sunde.

Obviamente es un mito, pero los mitos a menudo contienen algo de verdad. Dicho esto, he de decir también que hay muy buenos poetas que nunca han bebido, uno de ellos era Tarjei Vesaas. Otro, Rilke.

Y seguramente sigo siendo un poco borracho, o mucho, solo que no bebo alcohol, ya no lo bebo nunca, de la misma manera que siempre seguiré siendo fumador, aunque ya no fume y me haya pasado al *snus*, al auténtico *snus* sueco. Empecé a usar *snus* porque estaba harto de que las ganas de fumar me despertaran por la noche, así que empecé a meterme una bolsita de *snus* en la boca al acostarme, y funcionó. Al despertarme por la mañana, me metía otra y pasaba un rato tranquilo, en lugar de tener que levantarme a toda prisa para fumarme unos cigarrillos y saciar las ansias de tabaco. Pero como todo el mundo atacaba los fumadores –durante años ha habido una especie campaña de acoso contra los fumadores orquestada por el Estado–, yo no quería dejar de fumar, quería ser fumador por principios. Y por principios lo sigo siendo. Pero para alguien tan dependiente de la nicotina como yo, fue una bendición pasarse al *snus*: hay mucha más nicotina en una bolsita de *snus* que en un cigarrillo y la verdad es que, al final, dejaron de saberme bien los cigarrillos. Así que de alguna manera nunca dejé de fumar, sino que dejó de gustarme fumar. Hasta cierto punto, me ocurrió lo mismo con el alcohol. Perdí el deseo tanto de los cigarrillos como del alcohol.

Pero me alegro de tener *snus*. Algo hay que tener. Y el hecho de que no esté permitido vender *snus* dentro de la Unión Europea, me parece razón suficiente para oponerme a la Unión. ¡Qué manía con entrometerse en la vida de la gente! Todo el proyecto de la Unión Europea es antieuropeo: lo europeo es la diversidad, en todos los sentidos, mientras que la Unión Europea es, si no simpleza, por lo menos uniformidad: alguien decide desde el centro que la gente no puede usar *snus* aunque quiera. Es simple y llanamente indignante. La uniformidad, ya sea impuesta por el poder del dinero o por decisiones políticas y burocráticas, me repugna. Estoy muy a favor de Europa y, por tanto, estoy en contra de la Unión Europea.

Pero sí opino que Noruega debe atarse más a la cultura europea, porque en realidad nuestra cultura es europea y no angloamericana. Y por eso creo que todos los niños y los jóvenes noruegos deberían aprender alemán como segunda lengua extranjera. El alemán es cercano al noruego y, aunque no se aprenda mucho en la enseñanza general, sí que se va entrando en la lengua, simplemente porque las lenguas se parecen. Con el chino y el árabe es distinto, los noruegos pueden pasarse años estudiando esos idiomas sin aprender gran cosa, igual que con el francés. El alemán ha sido la lengua que ha unido a Noruega con Europa. El inglés no lo hace. Ni Inglaterra ni Estados Unidos pertenecen a Europa, ni a sus propios ojos, ni en la realidad. Además, el enamoramiento noruego de lo inglés no es correspondido, ellos no se imaginan nada peor que ser *big in Norway*.

Una vez dicho todo esto, debo decir también que la Unión Europea ha hecho muchas cosas buenas, en especial por los países de Europa del este que se han hecho miembros. Y está muy bien que las fronteras entre los distintos países europeos hayan disminuido. Por tanto, pienso que debe haber algún tipo de órgano político europeo por encima de lo nacional, pero no una Unión Europea gobernada por burócratas que nos controle al detalle.

¿Tenías que beber para poder escribir?

Para nada. Al contrario. Para escribir, tenía que estar sobrio, absolutamente sobrio. Por leve que sea la borrachera, hace que se te cuele algo falso en la escritura, pierdes la precisión, así que toda la ficción que he escrito, la he escrito sobrio.

Pero no me resultaba difícil traducir, o realizar otros trabajos de escritura más artesanales, sin estar sobrio. Y, como digo, rara vez estaba borracho y, en la época en que más bebí, no estuve borracho jamás.

Hay artistas que dicen que necesitan beber para arrancar, para soltar ataduras, pero, si soy sincero, diría que no tengo mucha fe en su talento. Aunque seguro que habrá excepciones. Yo nací demasiado sobrio, dijo uno de esos escritores.

¿Tuviste que dejar de beber para sobrevivir?

Sí, y para poder seguir escribiendo. No tengo lesiones hepáticas, de modo que en ese sentido podría haber seguido bebiendo. Tampoco tengo otras lesiones derivadas del alcohol, pero tuve que pasar el síndrome de abstinencia para poder vivir sin alcohol.

Seguramente ahora podría retomar un uso moderado del alcohol, pero he escogido dejarlo del todo. Así de sencillo. Porque la moderación nunca ha sido mi lado fuerte, se trate de lo que se trate: fumar, beber, escribir o leer. Moderado no soy, aunque me hubiera gustado serlo. Y tampoco soy moderado cuando se trata de dejar de hacer algo.

Has pasado épocas difíciles en tu vida. En la más oscura, cuando tuviste el colapso y los delirios y te ingresaron en el hospital, ¿veías a Dios?

En cierto sentido, la verdad es que sí. A mí el sufrimiento y la desesperación me han llevado a la fe. Hay algo de verdad en el mito de que, para ser un buen artista, tienes que sufrir o al menos haber sufrido, que necesitas haberte purificado por medio del sufrimiento. Creo que para llegar a la fe pasa lo mismo. La fe ha venido a mí a través del sufrimiento y el dolor.

Me he acercado a la fe por medio de la depresión y la angustia, y hasta cierto punto por medio de una actitud autodestructiva que acabó en alcoholismo.

Pero cuando estuve hospitalizado después del colapso, no era ni más ni menos creyente que antes. Y tenía tan poco miedo a morir como lo tengo ahora.

¿Te salvó Dios?

Si pensara eso, ¿por qué no salvó Dios a las dos chicas que, este invierno, se mataron al estamparse contra una pared de montaña muy cerca de nuestra casa en Frekhaug, al norte de Bergen, porque la calzada estaba resbaladiza?

No se puede pensar así. Es cierto que la fe requiere una mente infantil, una especie de ingenuidad –al igual que lo requiere el arte, por cierto, nadie es poeta sin cierto grado de ingenuidad–, y la ingenuidad contiene sabiduría y estupidez al mismo tiempo. Aunque supongo que también habrá una ingenuidad que sea meramente estupidez. Pero la vida no es así. Tampoco es así el reino de Dios, ni el que está entre nosotros ni aquel al que iremos. Quizá sean incluso el mismo reino. Porque la eternidad existe aquí y ahora. En el momento, que es la transición entre el pasado y el futuro, que no existen, pero en los que aun así vivimos todo el rato, aunque no lo sepamos. Como somos libertad, llegamos a ser a partir del futuro, en el presente, donde el pasado no es algo que en su día fue, sino algo que es, algo que es en el presente.

En general creo que el reino de Dios es para todos. O por decirlo así: creo que todo el mundo irá al cielo, como dijo una amiga mía de la infancia con la que me encontré el otro día. Creo que es así. Y en una carta abierta publicada en *La Repubblica* y citada en *The Independent*, el papa Francisco lo dice así:

> Me preguntas si el Dios de los cristianos perdona a aquellos que no creen y no buscan la fe. Comenzaré diciendo –y esto es lo fundamental– que la misericordia de Dios no tiene límites para aquel que acude a él con el corazón sincero y arrepentido. La cuestión para aquellos que no creen en Dios es conseguir obedecer a su conciencia.

¡Así que los ateos no deberían sentirse demasiado seguros! Para mí, al menos, es obvio que aquello del ser humano que es de Dios, vuelve a Dios. Aunque esto, evidentemente, también es una gran simplificación.

Por lo demás, supongo que el catolicismo piensa que todas las personas somos buenas en el fondo, mientras que el protestantismo piensa que no lo somos.

Le doy vueltas a muchas cosas que nunca llegaré a ver claras. Por ejemplo, si existe un infierno donde la maldad se transforma en nada. La imagen del fuego es bastante acertada. Algo arde, se transforma en otra cosa y, al final, se transforma en nada. El mal puro, valga con mencionar Auschwitz, puede para mí significar que existe un infierno, por usar esa palabra. Y si continúas pensando, siguiendo Eckhart, dirás que Dios es precisamente nada. En eso su pensamiento coincide con el budismo. El mal se destruye y así pasa a ser Dios, o pasa a ser aquello que, en el seno del lenguaje, con una palabra, hay que denominar nada.

Esto me trae a la memoria un pasaje de Nicolás de Cusa en *De Deo abscondito*, una obra escrita en forma de diálogo de donde sale el lema que abre este libro. En *De Deo abscondito*, el Pagano pregunta al Cristiano si Dios es la nada y el Cristiano responde que Dios no es la nada puesto que la nada, pese a todo, tiene un nombre, es una palabra, y añade que Dios está por encima del todo y la nada, y que tampoco es la verdad porque Dios es antes de la verdad.

Y evidentemente se puede imaginar un estado intermedio, un purgatorio, donde el mal se separe del bien. A mí me parece que tiene mucho sentido pensarlo así.

Una vez dicho esto, obviamente hay que repetir, y ahora lo digo con mis propias palabras, que todo esto es lenguaje, es una forma metafórica de hablar. Y que estamos hablando de algo que está fuera del tiempo y del espacio con palabras ancladas tanto en el tiempo como en el espacio. En la religión de los antiguos nórdicos, al reino de la muerte, regido por la diosa Hel, se lo llamaba *helvete*, que es la palabra que se usa en noruego moderno para infierno. Y *helvete*, a su vez, es una traducción de la palabra *Gehena*, que deriva del valle de Hinón en Jerusalén.

¿De manera que crees en un juicio?

Sí. Creo que el bien se separa del mal y que el bien vuelve a Dios. Mientras que el mal desaparece en algo que puede llamarse infierno, si se quiere, pero eso no significa que lo que desaparece allí sea una persona. Las personas puramente malas no existen. El mal desaparece en el infierno, por usar esa palabra, pero la persona no; la persona es siempre buena y mala, pero básicamente buena. De modo que creo que esa amiga mía de la infancia tenía razón.

Pero eso que dice el Credo de que Cristo volverá un día, en el futuro, para juzgar a los vivos y a los muertos en el día del juicio final, no tiene sentido para mí. Este ha sido uno de los grandes temas de la teología y yo le he encontrado mucho sentido a la lectura de Rudolf Bultmann, quien, remitiendo entre otras cosas al Evangelio de san Juan, rechaza la idea de un futuro juicio al final de los tiempos y afirma que Jesucristo es el suceso escatológico. Lo que dice el Antiguo Testamento que va a suceder, sucede en y con Jesucristo. El juicio ya ha ocurrido, y ocurre.

¿Sería correcto decir que lo católico te llegó de otra manera después del colapso?

Cuando me recompuse como buenamente pude después de colapsar, de derrumbarme, de quebrarme, vi claro que no solo debía, o quería, dejar de beber, sino que debía, y quería, cambiar mi vida también en otros aspectos. Aparte de la escritura, era la bebida la que había llenado gran parte de mi vida durante muchos años. El vacío que dejó la bebida lo llené ante todo con la lectura; siempre he leído mucho, pero en ese momento empecé a leer muchísimo. Y lo que leía tenía de alguna manera que ver con el catolicismo.

Retomé a mi viejo amigo el maestro Eckhart, por ejemplo, y leí diversos textos suyos. Incluso me inscribí en The Eckhart Society, que trabaja por la rehabilitación total de Eckhart dentro de la Iglesia, y recibí una amable carta que decía que yo pasaba a ser su segundo miembro escandinavo y que el primero era una monja de Finlandia.

Que el catolicismo me resultara en ese momento tan cercano también tenía que ver con que mi mujer es católica. Y mis conversaciones con ella me introdujeron en una larga tradición familiar de profundas reflexiones católicas. Juntos llegamos a la conclusión de que queríamos profesar la misma religión. Y mi deseo fue que el que se convirtiera fuera yo.

La verdad es que Eckhart me ha acompañado desde mediados de los ochenta y en su momento fue un dominico crucial, al que ha citado incluso el papa Juan Pablo II, de modo que, en el fondo, ya estaba rehabilitado. Y pensé que, si Eckhart podía ser católico, yo también podía. Si había sitio para Eckhart, debía de haber sitio también para mí.

¿Hiciste una conversión al modo de Agustín de Hipona, es decir, un ajuste de cuentas con tu propio modo de vivir?

No, la verdad es que no. He llevado una vida razonablemente trabajadora, austera y decente, y no tengo instintos, impulsos o deseos especialmente malos. Es cierto que el alcohol pudo conmigo, cosa que no estuvo bien, pero quizá al final me viniera bien porque, si no hubiera podido conmigo, no habría dejado de beber y no habría podido vivir como vivo ahora.

La vida adquiere otro aspecto cuando dejas de verla a través del velo conciliador y atenuante del alcohol. Pero no puedo decir que me arrepienta de nada, tampoco de la bebida.

¿Cómo tuvo lugar la conversión?

En 2013, alrededor de San Juan, hice la confirmación en la iglesia de Santo Domingo de Oslo y, con ello, ingresé en la Iglesia católica.

Me pareció hermoso, fue un día hermoso para mí. Después de que mantuviéramos algunas conversaciones, el abad del monasterio de Santo Domingo, Arne Fjeld, aconsejó al obispo Bernt que me acogiera en el seno de la Iglesia y, al cabo de un tiempo, el obispo dio su consentimiento.

Estoy muy agradecido al obispo Bernt por permitir que un gran pecador como yo entrara a formar parte de la Iglesia. Y siento una profunda gratitud hacia el hermano Arne, que me ayudó a entrar en la comunidad de los santos. Además, el hermano Arne y yo hemos mantenido el contacto por correo electrónico y conversamos sobre todo tipo de cosas. Siempre me da muy buenas respuestas cuando tengo alguna duda y lo hace usando un hermoso noruego muy tradicional. Colecciono todos los correos electrónicos que me envía el hermano Arne.

También le estoy muy agradecido a mi amigo Lars Roar Langslet. Me dirigí a él cuando llegué a la conclusión de que quería convertirme, pero aún tenía dudas sobre si en realidad me era posible hacerme católico. Fue él quien me aconsejó que escribiera al hermano Arne y eso hice. Entonces el hermano Arne y yo nos reunimos y se lo expuse todo del modo más sincero y verdadero posible, sin quitar ni añadir nada. Como yo ya sabía bastante de la fe católica y de la vida en la fe, resultó que no me hacía falta mucho aprendizaje. Durante la propia confirmación, confesé mi fe y el hermano Arne me trazó el signo de la cruz con crisma en la frente, mientras Lars Roar, mi padrino, mantenía su mano sobre mi espalda. La misa concluyó con la comunión. Solo estuvieron presentes mi mujer y el padre Gérard-Marie Ketterer. Fue una misa hermosa, una hermosa confirmación. Luego nos fuimos a casa, a Grotten, para cenar un maravilloso cordero asado que llevaba horas en el horno, acompañado de un buen vino tinto para los demás y agua clara para mí.

Y una cosa está clara: mi conversión, mi confirmación, el signo marcado en mi frente, solo me han hecho bien. Cuando me toco la frente, en todo momento puedo sentir el signo. Y me hace bien sentir que está allí.

¿La fe reemplazó a la necesidad de embriagarte?
Sería incorrecto decirlo así. Al salir del hospital, no sentía ningún deseo de embriagarme, y tampoco lo he sentido más tarde. Sin duda es extraño.

Pero está claro que la escritura, la lectura –y la fe– puedan colocar la mente en una especie de estado de embriaguez. ¡Embriagaos, da igual con qué!, escribe Rimbaud. No sé si se entenderá lo que quiero decir.

Pero, en una ocasión, un actor ya entrado en años me dijo que tuvo que cambiar el alcohol por el espíritu,* por la fe cristiana. De lo contrario, dijo,

* Juego de palabras: en noruego, *sprit* significa «aguardiente» y *spirit,* «espíritu» *(N. de las T.)*

nunca lo habría logrado. Y hay una gran verdad en eso. Aunque yo fuera, como digo, creyente mucho antes de convertirme al catolicismo.

Todo el mundo necesita alejarse de sí mismo, no solo personalmente, sino de la presión constante que supone existir, puesto que eres un ser humano, en la incomprensible tensión entre el «de dónde» y el «adónde», una cuestión que tal vez convendría transformar en la pregunta fundamental de la filosofía y la poesía: ¿Por qué el ser y no más bien la nada? Una pregunta a la que puedes enfrentarte, en cierto sentido, transformándola en poesía o en una actitud poética.

¿Ahora vives de otra manera?

Sí. Rechazo todas las invitaciones que recibo para estrenos, actos y lecturas, trato de vivir tan despacio y apaciblemente como puedo, en compañía de mi familia.

Además, había tomado la decisión de viajar lo menos posible, pero la verdad es que viajo mucho entre Viena o Bratislava y Oslo, entre Oslo y Frekhaug, y entre Frekhaug y Dingja, un pequeño lugar al norte de Eivindvik donde me construí hace varios años una cabaña a orillas del mar de Sogn, desde la que veo el mar abierto. Así que en realidad vivo en cuatro sitios distintos y en los cuatro tengo todo lo que necesito. Supongo que soy como el marinero viejo, que echa de menos su casa cuando está en el mar y el mar cuando está en su casa. «Tú eres marinero, no campesino», me dijo una vez el escritor Georg Johannesen y es posible que tuviera razón.

¿Qué encuentras en la misa católica?

La misa da descanso al cuerpo y paz al alma, da sosiego. Desde el primer momento, va ascendiendo hacia la transformación, la consagración y la comunión, puesto que permite incluso a un bribón como yo, ahí sentado en la última fila, participar en la gran comunidad de los santos, de los vivos y los muertos. De un modo concreto, me permite participar y formar parte del misterio en la fe.

Paul Claudel dice que la misa es «un drama sagrado» que supera a todos los demás dramas. Escribe que, en comparación, incluso Sófocles resulta insípido. Y tiene razón: ninguna peripecia puede compararse con la consagración. Y ningún final con la comunión.

¿Cuándo comulgaste por primera vez?

La primera vez que comulgué legalmente, por así decirlo, fue después de la confirmación. Pero la primera vez que comulgué de hecho fue en la basílica de San Pedro. El papa Benedicto XVI había convocado a unos doscientos artistas de todo el mundo a una reunión en la Capilla Sixtina para conmemorar el décimo aniversario de la carta que escribió el papa Juan Pablo a los artistas. No tuvieron en cuenta la religión ni la confesión de cada uno, así que fui uno de los invitados. Al día siguiente comulgué por primera vez en mi vida, en la basílica de San Pedro. Entonces no sabía que estaba haciendo algo prohibido, dado que en ese momento no pertenecía ni a la Iglesia católica ni a la ortodoxa. En mi ingenuidad pensaba que la mesa de la comunión estaba abierta a todo el mundo. Con el tiempo he aprendido que no lo está. No solo deben mantenerse a distancia los homosexuales y los heterosexuales que vivan juntos sin estar casados, por muy católicos que sean, sino que tampoco deben acercarse los protestantes. De modo que la práctica totalidad del pueblo noruego está excluida de la comunidad de los santos, puesto que en Noruega hay poco más de cinco mil católicos descendientes de noruegos, si por descendientes de noruegos entiendes que los cuatro abuelos fueran noruegos, y muchos de ellos son conversos. No sé qué decir.

¿Opinas entonces que los católicos deben abrir la mesa de la comunión a todos los que quieran acudir, sin tener en cuenta su fe o su falta de fe?

Sí. No es tarea de la Iglesia poner barreras entre Dios y las personas.

¿Qué significa para ti la conversión en tu vida cotidiana?

Que he integrado la fe en mi vida cotidiana, por decirlo así. Rezo, voy a misa. Y he leído ya tanta literatura católica y teológica que pronto tendré que hacer otra cosa. La mayor diferencia es que ahora mi fe tiene una vinculación institucional, que puedo llamarme oficialmente cristiano, católico. Y que profeso una teología y un dogma con los que, en la mayoría de los temas, no tengo problemas. Incluso he conseguido leer el voluminoso *Catecismo católico*, que tú conoces bien.

Pero dogmático no serás nunca.

No, nunca. Yo soy una pobre artista, y el arte y el dogma son antagónicos, pero me gusta compartir la fe con otros, arrodillarme ante el altar, hacer la comunión con los demás lastimosos, ser tan grande o tan pequeño como sea, incluso formar parte de lo divino. Y, por lo demás, asumo que pueda resultarle embarazoso a los que lo miran desde fuera.

En concreto, ¿cómo influye la fe en tu manera de vivir?

Si es posible, voy a misa una vez por semana, a veces más, a veces menos. Ten en cuenta que en Vestlandet, en la costa oeste de Noruega, por ejemplo, la comunidad católica más cercana puede quedar muy lejos. Por eso la gente que vive en lugares poco poblados debería estar exenta de la obligación de ir a misa. En realidad esa obligación es una tontería, si hubiera que echar a todos los católicos que no van a misa, apenas quedaría gente en la Iglesia. Y cada vez que voy a misa, comulgo. Y además rezo. Me he aficionado al rosario, una oración que me va muy bien. Rezo el rosario clásico, por lo general solo la primera media decena, pero a veces doy la vuelta entera y rezo las cinco decenas. El rosario se convirtió enseguida en mi oración. Intento rezar mañana, tarde y noche. No siempre puedo hacerlo, en realidad casi nunca, pero por lo menos rezo a diario, eso seguro. Ahora bien, no me gusta pedirle nada a Dios, o por lo menos prefiero que lo que le pida esté relacionado con otros y no conmigo. Aun así, en ocasiones le pido a Dios que me ayude con alguna cosa, si resulta ser lo mejor, pero a ese respecto soy pudoroso y supongo que lo que tengo que pedir para mí está incluido en las viejas palabras que componen el rosario.

Lo que busco en el rezo es el sosiego, un respiro en el tiempo, y en la vida. Además me santiguo, a todas horas, en realidad, sobre todo cuando estoy solo y siento que necesito algo de apoyo, y eso también me ayuda. Hay fuerza en el signo de la cruz.

Sí, la cruz es extraña, una poderosa locura. San Pablo dice que los cristianos predicamos un Cristo crucificado, y que eso es una locura para los que no creen. Dios escogió aquello que en el mundo se consideraba débil, para poder avergonzar a lo fuerte. ¿Crees en Jesús como hijo de Dios, en que resucitó de entre los muertos para salvar al mundo, y también a ti?

Creo que hay una relación entre Dios, Jesucristo, que vivió y fue crucificado, y yo mismo. Y creo que Jesucristo puede salvar a las personas, también a mí.

¿Te sientes en casa en la Iglesia católica?

Soy algo escéptico con la expresión «sentirse en casa». Suena como si ya estuvieras en tu sitio, y en paz, como si estuvieras rozando la flojera. Así que prefiero no decir que me siento como en casa, aunque, en cierto sentido, debo reconocer que sí. En cualquier caso, nunca me he sentido como un intruso: fui bien recibido desde el primer momento y le estoy muy agradecido al hermano Arne Fjeld, que me recibió con los brazos abiertos en la puerta de su monasterio en el barrio de Majorstua.

En el pasado mantenías mucho las distancias con la Iglesia y te diste de baja. Siempre he pensado que tienes una vena rebelde y antidogmática, pero ahora formas parte de una organización muy dog-mática. ¿Qué pasó con la necesidad de rebelarse?

Mira, no, hay pocas cosas más rebeldes en la sociedad noruega, incluso en el resto del ambiente intelectual europeo, en realidad, que convertirse al catolicismo y denominarse cristiano. Mi sensación es que convertirme en católico es lo más rebelde que he hecho nunca.

Recuerda que en la Constitución noruega ponía que «No se tolerarán las órdenes religiosas». Los jesui-tas no pudieron entrar en el reino de Noruega hasta 1956, tres años antes de que naciera yo. Resulta llama-tivo lo poco que se ha hablado de la exclusión de mon-jes católicos, en comparación con lo que se ha hablado de la exclusión de los judíos. Es lógico, por supuesto, pero aun así llamativo. Al fin y al cabo, a los judíos se les permite entrar en Noruega desde 1851, mientras que los jesuitas tuvieron que esperar hasta 1956. Solo se aprobó su entrada tras mucho debate público, y treinta y un parlamentarios votaron en contra.

A veces pienso que, si dijera que vengo de un prostíbulo, la gente no se sorprendería más que cuando digo que vengo de misa; como si las dos cosas fueran igual de vergonzosas.

Para mí, sin ninguna duda, es una rebeldía hacer la confirmación pasados los cincuenta. Es una rebe-lión contra el culto al cuerpo y la obsesión con el sexo, contra la antiespiritualidad y el materialismo sociotecnológico positivista. Todo esto es tan norue-go… Apenas puedes abrir un periódico sin topar-te con algo sobre el deporte, la comida y el cuerpo, o con una foto de algo parecido a un ser humano con ropa ceñida al cuerpo. La cultura católica centroeuropea, en la que también vivo parte del tiempo, es muy diferente; está caracterizada por el *memento mori*, pero también por el *carpe diem*, ambas cosas están relacionadas. En Centroeuropa se camina por las montañas para sentir la belleza de la naturaleza, no para fortalecer el cuerpo. En Noruega no hay ni *memento mori* ni *carpe diem*. Me dan ganas de hacerme el tonto y gritar: «¡No puedes correr hasta el cielo! ¡No podrás llevarte el cuerpo al cielo! ¡Tu cuerpo se pudrirá, o se incinerará! Para, siéntate. Piensa. Calla. ¡Reza una callada oración! ¡Siéntate, no montes en bicicleta, no corras!».

En el fondo, toda forma de deporte es una vulgaridad, así de sencillo. Pero pobre de aquel que sabe que es así y se atreve a decir que el fútbol, tanto el masculino como el femenino, es una vulgaridad. Vale que uno pueda disfrutar de lo vulgar. También yo puedo disfrutar viendo, por ejemplo, un buen partido de fútbol o una carrera de esquí de fondo en un campeonato mundial. De hecho, es casi lo único que me apetece ver en la televisión, aunque lo haga muy de vez en cuando.

Por otro lado, supongo que tampoco es muy refinado interesarse tanto por los barcos y la navegación como me intereso yo, sin ningún provecho. Incluso presumo de haberme sacado el certificado de capitán costero, aunque me falten las prácticas.

Entonces ¿no haces deporte?
Claro que no. Aunque dicho esto, debo admitir que yo me he cuidado poco, mi manera de vivir me ha llevado a cuidar poco de mi propio cuerpo. Fui fumador empedernido, por ejemplo, podía llegar a

fumar sesenta cigarrillos al día. Pero con la edad, he llegado a entender que tengo un cuerpo, que tengo una salud. Noto la edad, y me he propuesto tratarme mejor a mí mismo en el futuro.

Es casi una rebeldía no hacer deporte en una sociedad tan obsesionada con el cuerpo como la nuestra. Pero ¿de verdad piensas que es una rebeldía convertirse al catolicismo?

¿No lo es? Da la impresión de que a ti no te lo parece, pero yo lo vivo como una rebelión. Puede que para ti, que eras párroco luterano, no fuera lo mismo convertirte que para un izquierdista modernista del neonoruego como yo.

¿No podrías haber encontrado tu lugar en la Iglesia estatal noruega?

No. Nunca me encontré a gusto en la Iglesia noruega. Nunca. Salía de los servicios religiosos con la sensación de que habían intentado arrebatarme la poca fe que tenía.

Pero dicho esto, quiero decir también que no veo razón alguna para quejarme de los pastores luteranos, que hacen lo que pueden. Me parece que hacen una labor impresionante manteniendo unidas la vida y la sociedad, los días normales y las fiestas de los noruegos. Están ahí para la gente, tanto en el dolor como en la alegría. En realidad, admiro a los pastores. Se merecen nuestro agradecimiento. Pero ¿no podrían darle a la gente el misterio en la fe, en vez de darles rock & roll? ¿No podrían dar lo que solo pueden proporcionar Cristo y la Iglesia, en vez de lo que solo pueden ofrecer el ayuntamiento y el centro comercial?

Es una pena, en realidad. En Noruega se piensa que el cristianismo es lo mismo que las diversas variantes del cristianismo protestante, sin tener en cuenta que el protestantismo no es más que una variante minoritaria propia del norte de Europa. El cristianismo y el protestantismo noruego no son lo mismo.

¿Tu fe tuvo que hacerse católica para sobrevivir?
No. La fe no necesita Iglesia, pero yo, el ser humano Jon, sí. Al menos en el lugar en el que me encuentro ahora en la vida, necesito la misa y el rezo. La Iglesia católica seguramente se habría apañado mejor sin mí, pero no al revés. La posibilidad de participar ritualmente, por decirlo así, en una comunidad de santos que abarca a tantas personas –en conjunto, la Iglesia católica y la ortodoxa llevan ahí más de dos mil años y abarcan a miles de millones de personas, tanto vivas como muertas– me llena de gratitud. Y le proporciona seguridad a ese silencio que yo busco en el fondo de mí mismo, en mi interior, en un lugar donde estoy completamente solo y en el que, de alguna manera, estamos todos juntos.

Hay dos formas de ver la duda en la tradición cristiana. Unos la consideran incredulidad y piensan que la duda humana expresa apostasía y es pecado. Mientras que otros cristianos consideran la duda algo muy serio, y piensan que la fe y la duda van de la mano. ¿Qué piensas de la duda? ¿No dudas nunca?
Yo dudo todos los días. O quizá no, pero dudo por principio. Porque es evidente que la fe y la duda

van de la mano. La verdad es que una persona que nunca duda no puede ser especialmente inteligente. Es posible que dudar sea pecado, pero para el pecado existe el perdón, existe la misericordia. La pregunta que planteas no me resulta interesante, quizá esas cosas sean importantes para los fundamentalistas norteamericanos, o noruegos, pero allá ellos. Como los futboleros con el fútbol.

Aunque yo estoy convencido de que es más la desesperación, que la duda, la que conduce a mucha gente a la fe, o al menos pienso que la desesperación fortalece la fe. En la oscuridad de la angustia es donde Dios está más cerca, al menos para mí. No en la angustia del pánico que me acosaba en la adolescencia, sino en la inquietud general, en la preocupación, en la angustia. Hölderlin lo dice de una manera muy hermosa: Porque donde está el peligro / está también la salvación. O algo parecido, cito de memoria.

Pero lo cierto es que yo tampoco estoy muy agobiado por las dudas. Yo sé lo que sé, en ese sentido soy gnóstico, tengo mi gnosis. Así que tampoco yo debo de ser especialmente inteligente, la verdad.

¿Qué quieres decir con que «tienes tu gnosis»?
Ya he hablado de mi primera experiencia «mística», hasta donde puedo contarla con palabras. La segunda me resulta aún más difícil de contar, pero la llevo dentro esté donde esté, ande donde ande, me tumbe donde me tumbe. Está en todo lo mío.

Tenía treinta y pocos años, no recuerdo exactamente, y una tarde, en el salón de mi casa, creo que era a finales de invierno o principios de primavera, estaba ahí de pie mirando el vacío y de pronto sentí como que todo lo existente estaba atravesado de luz y, al mismo tiempo, reunido en una especie de columna de luz, o en una extensa nube de luz, que seguía y seguía, extendiéndose sin parar, una nube que lo contenía todo, y todo era transparente y completamente evidente, todo estaba lleno de un sentido indecible, y era todo hermoso. Todo se entendía. Todo estaba reunido. Todo era paz. Yo estaba dentro de algo y, al mismo tiempo, estaba fuera, y era como si lo hubiese entendido todo sin palabras, en aquello que veía o dentro de lo cual me encontraba.

Noto que las palabras me crecen en la boca y se van colocando por el suelo, muertas y en hilera, a medida que las digo. Pero así tendrá que ser. Estas palabras pierden su sentido, son simplemente embarazosas, y además me estoy exponiendo, como si hablara de mi vida sexual o de cómo voy al retrete. Y aun así siento que es correcto hablar de esta experiencia, por eso lo hago. No sé cuánto duró esta vivencia, este estado, quizá no durara más que un instante, quizá durara mucho tiempo. En cualquier caso, después me sentí elevado, como si hubiera entendido algo, como si hubiera visto algo, como si hubiera aprendido algo por haberlo experimentado. Sentí que había tenido acceso a algo desconocido para la mayoría de la gente.

Y me vino a la cabeza el concepto de «gnosis», que significa conocimiento, intuición, y empecé a denominar aquello que había visto, esa intuición sin palabras, mi «gnosis», mi conocimiento secreto. Luego empecé a leer sobre los antiguos gnósticos y encontré en ellos muchas cosas que encajaban con mi experiencia, pero también encontré un montón de tonterías que al menos compartían una diferenciación clara entre el espíritu y la materia.

¿Aquella vez experimentaste a Dios?

No me atrevería a decir que las dos experiencias luminosas que he relatado –la más fuerte fue la última– fueran vivencias de Dios. Quizá fueran simplemente imaginaciones mías, que pueden explicarse de alguna manera. Seguramente estas dos experiencias se podrían explicar, pero ¿qué importancia tiene eso? Para mi vida, para mi comprensión del mundo, de la literatura, para mi comprensión de Dios y, naturalmente, para mi escritura, esas vivencias han sido fundamentales.

He experimentado lo que he experimentado. Sé lo que sé. Y trato de acoplar esas vivencias a una especie de comprensión de Dios. Pero Dios es una palabra, Cristo es una palabra, Espíritu Santo son palabras. Palabras que salen al encuentro de vivencias totalmente carentes de palabras. Así que hay que enganchar las palabras a las vivencias, por decirlo así, o hay que reducir las vivencias a palabras. Porque realmente se trata de una reducción.

¿Sientes la cercanía de Dios?

Sí, porque no se puede decir de otra manera que por medio de, por ejemplo, esa palabra. Y creo que todas las personas pueden sentir lo cercano que está Dios, siempre que encuentren la suficiente quietud en su interior. Me viene a la memoria otra cita de Hölderlin: Cercano está Dios / y difícil es captarlo. O algo parecido.

Dios está muy cerca y muy lejos. Los cuáqueros hablan de la «mística cotidiana», de sentir la presencia de Dios en lo cotidiano. Es una idea tanto hermosa como útil. Porque lo único que tienes que hacer es abrir los ojos y mirar, simplemente hay que escuchar. O como dicen los conocidos versos de Wergeland, el poeta que construyó la casa en la que vivo: Mira bien y verás / lo grande en lo pequeño. La verdad es que merece la pena incluir la estrofa entera:

> Mira bien y verás
> lo grande en lo pequeño.
> Pensamientos divinos se alzan
> sobre las briznas de la hierba.

Esta cita mi madre la bordó y estuvo colgada de la pared de mi casa durante toda mi infancia.

Has encontrado muchas cosas valiosas en los gnósticos, pero también dices que el gnosticismo hace una separación demasiado drástica entre el espíritu y la materia. ¿Piensas que esta separación no es compatible con el cristianismo?

Pienso que, en el cristianismo, el cuerpo y el alma están unidos, el cristianismo no es una fe dualista. No distingue claramente entre cuerpo y alma, y tampoco, creo, entre el bien y el mal. En lo bueno existe lo malo y al revés, como escribe Tomás de Aquino.

La respuesta cristiana es que la creación, que en sí misma es buena, contiene ahora, después del pecado original, tanto lo bueno como lo malo, ambas cosas se mezclan, ambas existen. Y en ese caso se está librando una «batalla espiritual», cosa que es verdad, ¿no?

Los gnósticos pensaban que no podías salvarte sin gnosis. Pero también puedes encontrar en ellos la idea de que la gente que tenía su gnosis podía arrastrar a otros, ayudar a otros, quizá como los santos en el catolicismo. Por el mero hecho de ser una persona puedes arrastrar a otros, redimirlos. Las personas estamos entrelazadas, de alguna manera, cada persona es igual a las demás. Y supongo que esta gran comunidad es lo que el pensamiento católico denomina Iglesia, en cuanto que «cuerpo místico de Cristo», como se dice.

En esta gran comunidad que es la Iglesia, algunos tienen más conocimiento, han entendido más, son más santos que otros, y pueden ayudar a los que no han llegado igual de lejos. Tanto en la vida como en la muerte.

No creo que esto tenga nada que ver con que una persona haya sido canonizada por la Iglesia o no. La santidad no tiene nada que ver con los nombramientos institucionales. Hay infinitud de personas santificadas, de santos, pero solo unas pocas de ellas están canonizadas.

Por otra parte, tengo la sensación de que la distancia entre los vivos y los muertos es mucho menor en el pensamiento católico que en el protestante, y también en la experiencia católica. La gente que está al otro lado puede ayudar a los que estamos a este. Y estoy seguro de que lo hacen.

Se ha dicho que el gnosticismo era una religiosidad elitista. Y es cierto, pero no considero que eso sea una objeción, puesto que una verdadera élite debe estar ahí para todo el mundo, debe arrastrar a los demás. Eso es lo que tienen que hacer todas las élites, ya sean económicas, espirituales, culturales o lo que sea.

¿Reconoces que la Iglesia católica de Noruega tiene algo de aristocrática? Muchos dirán que es un lugar para la élite intelectual, y tú no te encuentras precisamente fuera de ese grupo, ¿no?

Soy elitista. Aunque la poesía poderosa, por ejemplo, no la lea mucha gente, de todos modos está ahí para todo el mundo, y de alguna manera le es entregada a todo el mundo cuando hay personas que escriben, que leen y que mantienen viva esa poesía. Todo está relacionado. Supongo que podría decirse que es una especie de reparto de trabajo. Para que el fraile pueda rezar, el campesino tiene que producir la comida que comerá el fraile. El campesino da algo al fraile, algo visible, pero también el fraile da algo al campesino, aunque no se pueda ver. Y ambos tienen el mismo valor como seres humanos.

Y es evidente que a todo el mundo le resultan provechosas las matemáticas avanzadas, aunque no las entiendan, y que a todo el mundo le resulta provechosa la mejor poesía, aunque no saquen nada en claro cuando la lean.

Para mí no existe ninguna contradicción entre lo elitista y lo popular. Si tomamos por ejemplo la música popular, no cabe ninguna duda sobre quién es un maestro con el violín y quien lo aporrea. Otra cuestión es si todo el mundo debe participar: las asociaciones populares de violinistas deben existir, y es evidente que para que algunos sean maestros, otros no pueden serlo. El neonoruego, por ejemplo, también es elitista y popular al mismo tiempo.

Te has adentrado mucho en el gnosticismo. ¿Cuál es, en tu opinión, la diferencia decisiva entre el dualismo del gnosticismo y el dualismo del pensamiento cristiano?

El gnosticismo es dualista y, por tanto, es también racionalista, es sensato, de alguna manera: Dios es espiritual y bueno, el mundo es material y malo. Por eso Dios no ha creado el mundo. Dios existe, pero no es el semidiós, el demiurgo, que creó el mundo. Lo digo burdamente. La mejor presentación que he leído de la tradición y el pensamiento gnóstico es *La religión gnóstica* de Hans Jonas. Lo recomiendo.

Lo que más me hacía resistirme al dualismo gnóstico eran mis experiencias como artista, como poeta, porque en el arte bueno no se puede separar el espíritu de la materia, la forma del contenido. El arte surge, precisamente, en el enigmático encuentro, en la incomprensible unión, entre espíritu y materia. El antidualismo es lo que hace posible la epifanía en el arte.

¿Y se puede decir que el mundo es solo malo? He conocido a demasiada gente buena para pensar eso. En mi opinión, el ser humano es fundamentalmente bueno. ¿Y que la naturaleza es solo mala? He tenido demasiadas vivencias maravillosas de la naturaleza como para pensar eso, y sobre mi cabeza está el cielo estrellado.

En cierto sentido, lo sobrenatural o transcendente no se puede separar de lo natural o inmanente. No se pueden separar desde un punto de vista cristiano, pero desde el punto de vista de las ciencias naturales es evidente que sí se puede. Y cuando miras únicamente desde este punto de vista, lo transcendente ni siquiera existe, o es solo algo que te imaginas y, en consecuencia, tampoco hay distinción entre la calidad y la cantidad, no queda más que la cantidad, y la belleza y la verdad en el arte son imaginarios, pues sí, en sentido estricto, tanto la belleza como la verdad acaban siendo solo algo que te imaginas. Mientras que, desde un punto de vista cristiano, la naturaleza es siempre también un símbolo, es algo dual, que siempre contiene también lo sobrenatural. La belleza, la verdad y la calidad –y por tanto también la jerarquía, es decir, que haya por ejemplo diferencia entre la literatura buena y la mala, aunque esta diferencia no se pueda cuantificar como se cuantifican los resultados deportivos– son conceptos y realidades evidentes, inevitables.

Basta con pensar en un cadáver. Un cadáver no es una persona, porque el alma ya no está ahí. El ser humano es el conjunto del cuerpo y el alma. Un cadáver es algo siniestro, tan siniestro como la idea de un espíritu sin cuerpo, es decir, un fantasma. El dualismo gnóstico es simplemente erróneo, como han sostenido y sostienen los cristianos.

Es imposible llegar a algo unívoco, ahí es donde se equivocó el gnosticismo, en su fe en el entendimiento, por decirlo así. En el fundamento mismo del cristianismo hay una ambivalencia, puesto que se da una lucha entre el bien y el mal, y al mismo tiempo el mal es la premisa del bien. Si lees el Antiguo Testamento a partir del Nuevo, tiene que ser así.

No hay quien lo entienda, a la vez que la visión cristiana se corresponde mejor con mi experiencia de la vida y del mundo. Hay en el cristianismo un antidualismo que lo hace paradójico de una manera para mí incomprensible, pero verdadera.

Así que no queda más remedio que asumir aquello que para el pensamiento es paradójico: que no es espíritu y materia, forma y contenido, sino ambas cosas en uno. En muchos sentidos, el cristianismo es la religión de la paradoja. Y por eso también la religión de la poesía y el misterio.

Pero cuando se trata de la fe, para mí lo determinante es el saber, lo que sé. Así que bien se me podría denominar como un gnóstico cristiano antidualista. No hay ningún problema.

¿Qué significa para ti ser cristiano?

Al final, ser cristiano es llegar a formar parte del misterio en la fe del modo más verdadero y completo posible, es fundirte con ese misterio. Y una vez que lo haces, el resto viene como quien dice solo.

Por eso resulta tan desesperante que muchos movimientos protestantes hayan intentado eliminar la paradoja, el misterio, de la liturgia y la vida en la fe. *Jesus, der Mystiker* se titula un libro que leí hace poco, donde Helmut Jaschke defiende que Jesús fue el primer místico cristiano y el fundador de la mística occidental. Jaschke piensa que, si el cristianismo tiene futuro, será como mística. Y yo creo que tiene razón.

Lo que está claro es que en la vida el mal existe, así que Dios o bien no quiere o bien no puede impedirlo. Sé que tú te quedas con la segunda opción, la de que no puede impedirlo, pero ¿qué te dice esto de Dios? ¿No es omnipotente?

El amor existe, así que también existe la libre voluntad. Dios es amor, dice el Nuevo Testamento, y esto es lo único que allí se le atribuye de un modo positivo o catafático. Y seguramente es lo único que se le puede atribuir de modo catafático. Pero un Dios que es amor no puede impedir el mal. Si pudiera, no sería amor, puesto que sin libre voluntad no puede haber amor. Nicolás de Cusa dice que el amor es la vida del espíritu. De modo que sin libertad no hay pensamiento, ni poesía, ni ciencia. El ser humano es libre, dentro de los marcos materiales dados, obviamente, marcos que por ejemplo Marx puede ayudar a comprender, y puesto que es libre, puede elegir. Wittgenstein dice que el hecho de que no podamos deducir lo que va a suceder en el futuro a partir de lo que sucede en el presente –y ahora, evidentemente, estoy hablando de lo que depende del ser humano– prueba que la voluntad es libre. Y todo el pensamiento de Heidegger gira en torno a lo que él llama *Geworfenheit,* en torno a la idea de que el ser humano ha sido «arrojado» a la existencia, a la libertad para la muerte.

Entonces piensas que Dios es omnipotente.

Dios es omnipotente mediante su impotencia, mediante su amor, y nuestra libertad. La verdad es que esto me parece razonablemente sencillo de comprender.

Se dice a menudo que Dios es omnisciente y omnipotente, pero se habla mucho menos de que Dios es omnipresente, como dice Tomás de Aquino. Y quizá esto sea lo más importante, si no comprenderlo, al menos experimentarlo. Tener la vivencia, si se puede, de la cercanía de Dios.

En el Nuevo Testamento se habla constantemente de que el mundo es malo, de que está en contradicción con el reino de Dios. Y es verdad. Yo también lo siento así.

Pero el ser humano lucha contra el mal. De modo que el mundo no es solo malo, es también bueno, también existe la bondad.

Existe un Dios bueno que está cerca de nosotros y quiere nuestro bien. Este es un Dios que, para muchos, está tan cerca que no lo notamos y a la vez tan lejos que no lo notamos. Este Dios rige con omnipotencia en su reino, en el reino de Dios, porque es allí donde es todopoderoso, pero no lo es en el reino mundano, porque en este hay muchas fuerzas en lucha, fuerzas tanto buenas como malas.

Se podría decir que el Dios crucificado es el Dios de los impotentes. Es el Dios que vence mediante su impotencia. Y este es el Dios cristiano que anunció Jesús y que él mismo era. Se trata de una dialéctica extraña, la posibilidad de ser potente mediante la impotencia, pero así es.

Así que Nietzsche no se equivocó del todo. Dios murió. Dios se dejó morir. Y mediante su propia muerte, mediante la muerte de Dios, mediante su absoluta impotencia –porque la muerte es la impotencia absoluta–, se ganó de nuevo a los seres humanos, en y con la resurrección.

El Credo dice que Dios es todopoderoso, crea-
dor del cielo y de la tierra. ¿Qué piensas sobre eso?
Con un poco de escolástica podría decir, por
ejemplo, que Dios es todopoderoso como creador
del cielo y de la tierra, pero que, a partir del pecado
original, solo es todopoderoso como Padre, es decir
en relación con el Hijo, con Cristo. Solo que este
tipo de cháchara carece en realidad de interés.

Y si el mundo surgió mediante el Big Bang o
como fuera, ¿qué más da? Al parecer, las mismas
teorías dicen también que, algún día, el mundo em-
pezará a contraerse y desaparecerá, revirtiéndose a
sí mismo. Pues puede ser.

Y si el ser humano surgió mediante la evolución,
como dice Darwin, ¿qué diferencia supone? El ser
humano apareció, aunque fuera mediante la evolución.

¿Te vale la explicación cristiana del mal? Jesús
que, en la cruz, participa del sufrimiento absurdo,
¿sin más explicaciones?
Sí. La cruz es un símbolo de la impotencia, del
sufrimiento, y al mismo tiempo de la potencia en la
impotencia, de esa potencia que solo puede proporcionar la impotencia.

Si como persona eres humano, te tocará tu parte
del sufrimiento, todo el mundo sufre en la vida. El
sufrimiento, el dolor y la pena forman parte del ser
humano.

Y, como ya he dicho, creo que la fe está más vinculada al desconsuelo que a la duda. Y el desconsuelo, a su vez, está vinculado con el dolor y el sufrimiento. La cruz se hace cargo del sufrimiento y lo

transforma en algo que no es sufrimiento. La muerte puede entenderse como sufrimiento, y a menudo es dolorosa. La muerte es el ser humano en su mayor impotencia. Pero en y con la cruz, con la muerte de Cristo en la cruz, la muerte se transforma con la resurrección en lo contrario al sufrimiento, se podría decir que se transforma en sosiego, en paz. En paz y amor. Y el amor presupone que la voluntad es libre. Y la paz, el sosiego, son constitutivos del amor.

Si Dios es bueno, ¿qué pasa con el holocausto? ¿No rompe con todos los intentos narrativos de sacar algo bueno de lo malo? ¿Todo puede transformarse en algo bueno?

No, el holocausto no. Yo pienso que existe lo bueno y que existe lo malo. Pero cuando se dice lo bueno y lo malo, se está atrapado en la dualidad. Me cuesta imaginarme que el bien y el mal existan en forma pura en el mundo. Aunque supongo que, en ocasiones, existen. El mal puro existe, pero entonces tiene que existir también el bien puro.

La idea de que Dios tiene un plan de salvación para el mundo quedó destruida con el holocausto. Porque si alguien pensara que el holocausto forma parte del plan de salvación de Dios, yo me quedaría sin palabras. Ahí me planto. La verdad es que en esa idea hay pura maldad.

¿No resulta inmoral que los que venimos después del holocausto creamos en un Dios bueno?

No, al menos mientras no pienses que Dios es omnipotente como providencia. Pero Dios es omnipotente en su reino, en el reino de Dios, para su pueblo, como se dice. Es absolutamente inaceptable, y atenta contra todo aquello en lo que creo, pensar que Dios es omnipotente en el sentido de que quiere todo lo que ocurre. Y además está en contradicción con todo lo que dice el Nuevo Testamento, en el que siempre se habla, por un lado, de los cristianos y, por otro, del mundo y las fuerzas mundanas. Quien crea que Dios lo quiere todo, no puede haber sentido la presencia de Dios. Porque Dios existe en aquello que es lo contrario a Auschwitz. Y como Auschwitz existe, tiene que existir también lo contrario.

Entiendo que los judíos perdieran la fe porque gran parte del Antiguo Testamento, sobre todo los libros de los profetas, relatan cómo sufrió el pueblo elegido por Dios por desobedecerle de esta o aquella manera.

Para mí hay algo indignante e inmoral en creer en Dios después de Auschwitz, pero ¿para ti no?

Eso será porque crees en un Dios omnipotente que rige el mundo según su providencia, una especie de fe religiosa infantil en la que puedes pedirle algo a Dios y él te lo da. Como un norteamericano de un libro que leí, que pensaba que podía pedirle a Dios que le orientara en una ciudad desconocida.

Me echo a temblar antes tales afirmaciones. Yo nunca he tenido una fe de ese tipo y nunca la tendré. Dios rige su reino mediante su impotencia. Y hay mucha potencia en la impotencia. Es así de paradójico.

Entonces, este Dios impotente, ¿es bueno, pero no puede hacer nada con lo malo?

Eso será lo único que podría conceder. De lo contrario, Dios sería malo, como de hecho parece ser a veces en el Antiguo Testamento. Pero el Dios crucificado no es así, porque el Dios cristiano es Dios en su impotencia, que se torna omnipotente a través de su impotencia. El cristianismo está lleno de paradojas, igual que la vida. El cristianismo se parece, como digo, a la vida.

Por lo demás, creo que con frecuencia planteamos las preguntas equivocadas porque pensamos humanamente, demasiado humanamente, como diría Nietzsche. No nos libramos del pensamiento dualista al que nos tienen anclados el lenguaje y el pensamiento.

Ahora, y tal vez con frecuencia, debo de sonar como una especie de escolástico, una especie de Erasmus Montanus.* Y supongo que lo soy, hasta cierto punto. Al menos me resulta muy agradable y provechoso leer a Tomás de Aquino. Aquino escribe que el mal es algo bueno que se ha roto, que es una carencia de ser, ya que para él Dios es el ser absoluto, la realidad absoluta. Piensa que lo bueno contiene lo malo en potencia, del mismo modo que lo malo contiene lo bueno en potencia. Tanto lo angélico como lo demoniaco son necesarios, al menos en el arte. Lo malo no puede existir sin estar unido con

---

* Protagonista de una comedia homónima de Ludvig Holberg de 1723. Montanus es un estudiante que retorna a su pueblo y hace el ridículo con sus conocimientos de latín y retórica *(N. de las T.)*.

lo bueno: el mal y el bien están en todo, escribe Aquino. Y añade que, si desapareciera todo lo malo, se perdería también gran parte de lo bueno. Por tanto, lo demoniaco también puede, en cierto sentido, ser bueno. Y si no tenemos en cuenta el mal puro, Aquino tiene mucha razón, ¿no?

También dice que hay algo bueno en el pecado original, en que la muerte entrara en el mundo, porque la vida, tal como la conocemos, no puede pensarse sin la muerte. Tampoco la vida después de la muerte, la otra vida, la vida celestial a la que nos abre Jesucristo, habría sido posible sin la muerte y la vida terrenal, que tiene una mezcla de bien y mal, de paz e inquietud, de alegría y sufrimiento.

¿Cómo puede algo impotente ser potente?

Contestaré con una parábola, como un Jesús cualquiera. Mira mi terreno. El buen artista, el buen poeta, ¿no es precisamente un perdedor que tiene éxito? El artista es un excéntrico *outsider* de existencia neurótica que tiene éxito en la vida a través de su arte. En cierto sentido, los artistas son gente impotente que se hace fuerte gracias a su debilidad, no gracias a su fuerza.

¿Te estás describiendo a ti mismo?

Quizá. Pero yo ni quiero ni puedo ofrecer verdades, lo único que puedo ofrecer son pensamientos, intentos, ensayos. Lo que te digo es lo que estoy pensando, pero, por suerte, pienso cosas nuevas constantemente. También porque me encuentro con los pensamientos de los demás y me dejo influir por ellos, en gran medida por medio de la lectura.

Pero la idea de la fuerza en la impotencia es una idea que me posibilita vivir con mi fe. En la comunión, donde se concentra el misterio en la fe, me coloco frente el mundo, detrás y, de un modo misterioso, en el Cristo crucificado. Me expongo al desprecio y la burla.

Y así Dios se torna paradoja: es muy lejano y muy cercano, muy potente en un sentido, y muy impotente en otro.

¿Las palabras no llegan a aprehender esto?

Claro que no. Es lo mismo que antes: las palabras tienen que vaciarse de su significado normal para poder convertirse en la Palabra, por decirlo así. Las palabras tienen que colmarse de una especie de nada colmada.

Las palabras y las expresiones litúrgicas, repetidas una y otra vez durante siglos, se vacían de su significado normal para adquirir su propio significado espiritual. El lenguaje litúrgico se convierte en una especie de representación en la que se muestra lo que hay que decir. Lo que no se puede decir, hay que mostrarlo, digamos. Esto rige al menos para la liturgia católica; en la luterana parecen creer que el misterio puede pronunciarse, que puede decirse, que un enorme pastor puede predicarlo positivamente desde un enorme púlpito. Creen en el significado en un sentido literal y positivo, o positivista. Por eso la palabra hablada, el sermón, es tan importante en la tradición luterana. El sermón está también presente en la misa católica, pero ocupa mucho menos lugar, y con frecuencia no es más que la interpretación necesaria de ciertas citas bíblicas difíciles de entender.

La misa católica repite lo que ocurrió el Jueves Santo, esto es, la comunión, y lo que ocurrió el Viernes Santo, es decir, la crucifixión. Al participar en la misa, participas tanto de la última cena como de la crucifixión, con la esperanza de que tu propia muerte te conduzca a Dios, de que al final «llegues a casa», como a menudo pone en las esquelas.

Basta con comparar el aspecto de una iglesia luterana con el de una católica: en la luterana dominan el púlpito y el pastor, mientras que el altar y el sagrario ocupan el lugar central en una iglesia católica, y luego hay un atril o dos en el lateral.

Toda la misa católica contiene una esperanza, se espera con ilusión lo grande que va a ocurrir, la transformación, la consagración, la comunión. Todo está orientado hacia el misterio en la fe, a que este se realice en cada individuo mediante la comunión.

¿Te atrae la más nueva defensa del cristianismo, que se trata de hacerlo científico, de basarlo en premisas científicas?

En absoluto. Porque Dios está fuera de la creación, Dios solo puede notarse en lo creado. Por ejemplo, en lo más profundo del ser humano. O en el poder de la naturaleza, tanto en lo más pequeño como en lo más grande. O en la intuición que contiene el arte poderoso.

Y por eso, como dice Wittgenstein, es evidente que «die Lösung des Rätsels des Lebens in Raum und Zeit liegt außerhalb von Raum und Zeit», la solución del enigma de la vida está fuera del espacio y del tiempo, y por tanto no es un problema matemático o científico que se pueda solucionar.

La ciencia puede decir algo sobre lo creado, sobre lo que existe en el tiempo y el espacio, pero no sobre lo no creado, y tampoco sobre «las cosas invisibles», sobre aquello que es creado e invisible, que tampoco está limitado por el tiempo y el espacio. Así que una vez que lo sabes todo sobre lo creado visible, sigues sin saber nada sobre lo otro.

Casi da la impresión de que seguimos siendo incapaces de pensar más allá de Dale-Gudbrand, el hombre que, en la *Saga de Olav el santo,* dice que nadie puede creer en un dios que no pueda ver, es decir, medir, traducir al lenguaje matemático, introducir en una visión científica del mundo.

O se acepta que existe una separación entre lo creado y lo no creado, o no se acepta. La ciencia puede decir algo sobre lo creado, pero nada en absoluto sobre lo no creado. ¿Realmente es tan difícil de entender que el reino de Dios no es de este mundo? ¡El reino de Dios no es de este mundo! Casi me entran ganas de gritarlo. Y lo que pinta la ciencia en este asunto tendrán que explicarlo aquellos que creen en la ciencia.

Ahora bien, estoy absolutamente a favor de investigar científicamente de la Biblia, de averiguar –en la medida de lo posible– hasta qué punto es históricamente correcto lo que pone en la Biblia, de que obtengamos una imagen lo más exacta posible del Jesús histórico. Pero sea como sea esa imagen, no afectará al Jesucristo redentor, al Jesús kerigmático, como diría Bultmann.

Pero la ciencia ha llegado lejos.

Sí, es fantástico, es completamente increíble todo lo que han conseguido las ciencias naturales y la tecnología. En mi vida, he vivido la revolución digital, el paso de un mundo de máquinas de escribir y detalladas obras enciclopédicas, a la realidad digital de hoy. Todo mejoró. Por no hablar de la medicina, y todos los avances que se han hecho en ese campo. El ser humano sabe muchas cosas. Y pasan muchas cosas buenas.

Pero sospecho que, cuando lleguemos al final del camino científico, o avancemos más por él, también se abrirá un espacio divino incomprensible. Como dijo Einstein sobre el universo: Lo más incomprensible del universo es que se deje comprender. Las propias ciencias naturales disolverán el pensamiento científico materialista. Aunque todo esto no son más que tonterías, sencillamente porque el problema no existe.

Y por tanto es también evidente que el arte no puede tener ningún valor si se mira el mundo desde un punto de vista positivista, o que solo existiría como algo accidental, como un pelo en la sopa, por decirlo así. ¿Cómo podría explicarse Bach de un modo materialista y positivista, por usar ese concepto? Un matemático lo suficientemente bueno seguro que podría inventarse algo, pero esto no reemplazaría a la música de Bach.

¿Cómo piensas que podría hacerse una defensa intelectual de la fe?

Yo elegí de muy joven no quedarme dentro del lenguaje académico, yo escogí la poesía. Y hace mucho que dejé de escribir ensayos. Además, creo que es imposible convencer a nadie racionalmente de la verdad cristiana, no puedes argumentar a favor de un saber intuitivo de este tipo, a favor de la fe. Tienes que tener una especie de vivencia, de experiencia. En ese aspecto soy un gnóstico. Ya he hablado de las dos vivencias determinantes que tuve yo. Otros tienen otras vivencias, que los llevan a creer. Pero, como digo, el camino desde aquello que yo sé hasta la fe cristiana es largo.

Y, como católico, también yo recurro a los viejos símbolos, a la cruz, y rezo las viejas oraciones. Pronuncio el credo, rezo el padrenuestro. Se trata de sonidos que, al ser repetidos, se vacían de su significado normal y se llenan de un significado nuevo, como la avemaría del rosario. Yo rezo una y otra vez las mismas viejas oraciones que los católicos han rezado durante siglos antes que yo. Unas veces las rezo en latín, otras en mi propia traducción al neonoruego.

¿Piensas que la defensa de la fe, en el fondo, es un ejercicio sin sentido?

No sé exactamente lo que significa «la defensa de la fe». Supongo que una fe se defiende a sí misma o no se defiende, de la misma forma que un poema se defiende solo o no se defiende.

¿A ti te resulta difícil la fe?

No. Me resulta muy sencilla. No hay más que creer, y la fe se abre. Más sencillo no puede ser.

¿Realmente piensas que solo hay que lanzarse a creer?

Sí.

Para muchos creyentes, es importante averiguar si existe Dios. ¿Probar la existencia de Dios es importante para ti?

No sé si consideraría cristiana a la gente que piensa así, al menos me parece una manera poco cristiana de pensar. ¿Hay que probar la existencia de Dios? ¿Por qué hay que probar a Dios? ¿Por qué necesita Dios probar su existencia? ¿Quién eres tú para pedirle algo así a Dios? Dios no existe de una manera que pueda probarse. En cualquier caso, el Dios que puede probarse es un ídolo, es decir, un demonio.

A ti no te atrae mucho la lectura literal de la Biblia, ¿no?

No tiene sentido leer la Biblia solo literalmente, tal y como han insistido en hacer los protestantes, al menos Lutero la leía así, y la lectura cuádruple que se desarrolló en la Edad Media me parece bastante razonable.

Pero llegas bastante lejos simplemente distinguiendo entre una interpretación literal y una espiritual, que solo quiere decir que hay que leer la Biblia como literatura, y no como un tratado científico, o un informe, o como periodismo amarillo, que es lo que parecen hacer los fundamentalistas norteamericanos.

¿No es importante para ti que todo lo que dice la Biblia sea verdad?

Verdad, lo que se dice verdad. Digamos que todo lo que dice la Biblia es ficción, ¿significa eso que la Biblia carece de verdad? Por supuesto que no. Supongo que me concederás que la literatura de ficción puede contener verdad, aunque no sea históricamente verdadera, signifique lo que signifique «verdad histórica». La literatura, que en principio no es más que ficción, puede ser lo más verdadero que existe. Nunca llegas más cerca de la vida que en la buena literatura. «Was bleibet aber, stiften die Dichter», dice Heidegger, lo que permanece, sin embargo, lo fundan los poetas. Y quizá se pueda decir de la lectura de la Biblia lo mismo que dijo Coleridge de la lectura de la literatura: para que te concierna, requiere una *willing suspension of disbelief*, una voluntaria suspensión de la incredulidad.

La verdad es que no estoy nada seguro de lo buena que resultará ser la literatura *reality* de Karl Ove Knausgård y otros escritores de su cuerda. De alguna manera, este fenómeno es lo contrario a la literatura, a la poesía.

En la *Poética,* Aristóteles dice que, en la poesía, en el arte, te acercas más a la verdad, que reuniendo conocimientos sobre la realidad. Y yo creo que es así.

Resulta interesante saber lo que dijo o dejó de decir el Jesús histórico, en ocasiones muy interesante, pero la cuestión de si realmente fue Moisés quien escribió el Pentateuco es tan poco interesante como la pregunta de si Shakespeare o Homero escribieron las obras que se les atribuyen. La búsqueda de la corrección histórica debe de ser otra sinrazón positivista. Pues muy bien, pues sería Hamero, en vez de Homero, quien escribió la *Odisea.*

Sin embargo, nunca llegarás a la fe a través de verdades históricas fácticas. Es una senda errónea, típica del pensamiento cientificista norteamericanizado moderno, por usar una expresión más contemporánea que «positivista». Este pensamiento no logra distinguir entre lo creado y lo no creado, una distinción que considero crucial para todo pensamiento cristiano.

La ciencia, en principio, puede averiguarlo todo sobre las cosas creadas visibles, sobre la *res extensa,* por decirlo con Descartes. Pero no sabe nada en absoluto sobre lo no creado, y seguramente tampoco sobre las cosas creadas invisibles. ¿Es tan difícil de entender esta distinción?

Quien sea incapaz de entender esta distinción, no debería pronunciarse sobre aquello que tiene que ver con la vida espiritual y la vida en la fe. Evidentemente se puede opinar que solo existe lo creado, la materia. Pero, en tal caso, no existen ni la poesía, ni la filosofía, ni la música de Bach. Pues allá ellos.

El cuarto plano de sentido de los antiguos, más allá del literal, el alegórico y el tropológico –que sencillamente consiste en leer la Biblia buscando un sentido moral–, es el anagógico, en el que se busca el sentido más elevado, el sentido místico. ¿Echas de menos que te lean de una manera anagógica, por así decirlo?

No, no puedo decir que lo eche de menos, porque creo que todos aquellos que me leen y se interesan por mi literatura, entienden lo que se dice de un modo anagógico. Pero resulta difícil ponerles palabras a estas cosas, escribirlas, al menos académicamente, por no decir con el lenguaje de los estudios literarios. Es algo parecido a intentar describir la música con palabras. Aunque, en el fondo, este sea el plano de sentido del que habla la buena literatura, el buen arte.

Y tal vez por eso, precisamente, lo anagógico es lo que de verdad se agarra al lector, aunque no pueda explicarse con palabras.

No obstante, en la academia se ha llegado muy cerca de ese tipo de lectura siguiendo las huellas de los grandes nombres de la teoría de la literatura como Derrida, Adorno –cuya *Teoría estética*, en su momento, fue muy importante para mí, aunque con el tiempo tanto yo como muchos otros nos hayamos distanciado un poco de ella–, o como Walter Benjamin. Pese a que su manera de leer sea atea, señala, en realidad, hacia lo anagógico.

Lo que está claro es que mi escritura solo logra algo si le abre las puertas a la elevación anagógica, al vuelo, como suelo llamarlo yo. Y ese vuelo, evidentemente, tienen que experimentarlo también los demás.

Seguramente habrá gente que no entienda nada de lo anagógico. Somos diferentes. A mí se me dan fatal las matemáticas, no las entiendo, la verdad, pero me saqué las asignaturas porque hice lo que el profesor me decía que hiciera, y no porque las entendiera.

Somos diferentes. Si no tienes oído, o no te gusta la música, no entiendes a Bach. Es así de sencillo y así de brutal.

Muchos no sacan nada al leer mis textos, o al ver mis obras de teatro. Eso no significa necesariamente que algo esté mal en mi literatura, o en la gente que no saca nada de lo que escribo. Seguro que muchos de ellos entienden muchas cosas que yo no entiendo.

Yo no vengo de un hogar de creyentes. Cuando tenía nueve años, ingresé en el coro infantil de la parroquia de Bryn, en el barrio de Rykkin donde me crie. El coro, como los coros infantiles ingleses, formaba parte de la liturgia de la iglesia. Cantamos todas las grandes obras de la música eclesiástica. No me hablaban mucho de Dios, pero la música se me fue metiendo dentro y me fue formando. Cuando a los once años canté a Bach, sentí que creía en lo que cantábamos. Sin el coro, sin toda esa música sacra que cantábamos, nunca me habría hecho cristiano.

Es una historia bonita, y contiene una gran verdad, una verdad universal. Creo que, para mucha gente, Bach es mejor camino a Dios que cualquier tipo de sermón. Al igual que el arte bueno en general, o las vivencias de la naturaleza.

Sí, la música sacra fue mi camino a la fe, igual que los salmos. ¿Tienes salmos que aprecias?

«Más cerca de ti, mi Dios, más cerca». En inglés es realmente bonito: «Nearer, My God, to Thee». Ese estribillo resuena a menudo dentro de mí. ¿Y qué me dices de: «Ljos yver grav som oss livsvoni gav?». «Luz sobre la tumba que nos dio esperanza en la vida», un maravilloso salmo de Elias Blix.

Yo canto mal y no soy muy aficionado a escuchar música, a pesar de que tengo oído. Se me saltan las lágrimas con demasiada facilidad cuando escucho música que me emociona. En ese sentido soy emotivo, y quizá por eso evito la música.

La poca música que he escuchado los últimos años ha sido principalmente de Bach, una y otra vez he escuchado a Bach. A poder ser, interpretado por Glenn Gould, claro. Pero también he escuchado los conciertos de violín. Los conciertos de chelo. *La pasión según san Mateo.*

Hace unos años tuve un período en el que escuché mucha música tradicional noruega, la música del violín de Hardanger. Me gustó mucho. Las melodías tradicionales de los violines noruegos contienen grandes riquezas, desconocidas para la mayoría de la gente. La verdad es que tengo buenos amigos que se dedican a este tipo de música.

Estoy pensando en lo que dices de Dios y eres restrictivo: No podemos decir gran cosa sobre Dios y callar es más importante que hablar. De alguna manera, eres minimalista en tu relación con las palabras y con Dios. ¿Aún te queda algo de cuáquero? ¿Llegamos más cerca de Dios en el silencio?

Creo que se llega más cerca de Dios en el callar que en el hablar, en el silencio que en la charla.

Por lo demás, tengo mucho cuidado a la hora de usar palabras como Dios, Jesús, Cristo, Espíritu Santo. Para eso tengo mucho pudor, un respeto. Prefiero pronunciar esas palabras junto a los demás en la misa, o como parte de las viejas oraciones que siempre rezo, como el padrenuestro.

Y tengo que decir que admiro a los curas y a otras personas que usan con tanta facilidad esas palabras. El que la ordenación tenga que ser sacramental y exija celibato, me parece muy correcto. Esas palabras no son para legos como yo. O para un gran pecador como yo. Un canalla como yo, sentado en la última fila.

Pero agradezco que me dejen formar parte de la comunidad católica, y poder acercarme al altar para participar en la comunión, desde la última fila.

Las palabras pequeñas son las que forman mi mundo, y con ellas escribo para hacer surgir mi mundo en mi obra. Porque incluso un poema pequeño es un pequeño mundo. Y también en los pequeños mundos, desde ellos, puede aparecer el misterio, aunque sea de modo negativo, alegórico.

Sientes respeto por las grandes palabras, por el misterio en la fe. ¿Pero tienes alguna certeza en tu fe?

Sé lo que sé, y por lo demás dudo de casi todo, pero estoy seguro de que en cada ser humano hay una chispa de Dios. La luz interior, como dicen los cuáqueros. Lo que hay de Dios en el ser humano, como también dicen. Aquello dentro del ser humano que nunca muere porque nunca nació. Lo más singular de cada ser humano que, a la vez, es lo más universal.

¿Esto tiene algo que ver con la literatura?

Sí. Con el arte bueno o poderoso en general. El arte es completamente él mismo, completamente singular o idiosincrático, es su propio poema, por volver a esa metáfora, y por eso es también completamente universal. O, como suele decirse en otro plano: lo más local es lo más universal.

No estás hablando del arte que predica, ¿verdad?

El arte y la predicación son antagónicos. Si pruebas a sermonear, acabas haciendo literatura cristiana de kiosco. El arte tiene que ser arte. El arte de calidad es, como quien dice, una manera propia de ver el mundo, que luego, de alguna manera, se convierte en su propio mundo, pero no es el mundo en sí, por decirlo así.

Y en ese sentido debe entenderse el concepto de mundo de Heidegger. Es como cuando se habla del mundo de la música o el mundo de las matemáticas. La palabra «barco» significa algo distinto para mí que para un ingeniero naval, y la verdad es que también es algo distinto para mí de lo que era para el autor Tarjei Vesaas. Así es en el mundo humano transcendente, y así es en el mundo que constituye toda obra poética. La palabra «barco» significa algo distinto en mi libro *El cobertizo* que en *Yo soy el viento*. De hecho, tiene un significado único en cada texto que he escrito. En cada poema. Tiene significados distintos porque se encuentra en contextos de significado diferentes, esto es lo que Heidegger intenta expresar con su concepto de *Bedeutsamkeit*. El «barco» de *El cobertizo,* por ejemplo, está afinado de un modo muy diferente al «barco» de *Yo soy el viento*.

Este concepto de mundo, como señala el propio Heidegger, es muy distinto al concepto cristiano de mundo, es decir, al concepto de mundo que aparece en la Biblia, y del que Heidegger también hace uso cuando escribe, por ejemplo, que el ser humano desaparece inauténticamente en el mundo. ¡Sencillo no podía ser!

Wittgenstein también habla de algo parecido con su idea de que una palabra forma parte de lo que él llama un *Sprachspel*, un juego del lenguaje, y que adquiere su significado según cómo se use en este o aquel juego del lenguaje, a partir de las «reglas» que se desarrollan mediante el uso, y añade que las palabras, los juegos de lenguaje, siempre forman parte de lo que él llama una *Lebensform*, una forma de vida. Por volver al ejemplo del barco: es distinto para Jon en su bote de remo que para el pescador profesional Johannes en su barco pesquero o para el capitalista de arrastreros. Wittgenstein utiliza también el juego del ajedrez como analogía de un juego de lenguaje regido por reglas.

Quizá se pueda decir que una obra poética es un juego de lenguaje propio, por analogía con el concepto de mundo de Heidegger. Cada obra de arte, dice Wittgenstein, está regida por «reglas», y esas reglas son únicas para cada obra poética. Y son tan complicadas que resulta totalmente imposible ser consciente de ellas.

Hay un notable parecido entre cómo piensan Heidegger y Wittgenstein el arte y el lenguaje, a pesar de sus grandes diferencias en otros aspectos.

¿Pero tú ves parecidos entre el arte y el cristianismo?

El buen arte tiene, como digo, algo de paradójico, de enigmático, de misterio.

Paul Claudel dijo que fue la lectura del modernista temprano Rimbaud la que primero abrió su ánimo a la fe, y que Rimbaud ejerció también una influencia literaria duradera sobre él. Rimbaud era un místico en «estado salvaje», escribe Claudel, que, según él, interrogaba a lo creado para que «testificara sobre Dios». Más adelante, Claudel vio su fe reforzada por el hecho de que Baudelaire –el poeta francés que dice apreciar por encima de todos, y otro de los pioneros del modernismo, fundador como quien dice del simbolismo–, en su vejez, encontró la fe católica. De nuevo, vemos que no hay diferencia entre la literatura y la fe, al menos entre el modernismo literario y la fe.

El arte y el cristianismo se parecen en muchas cosas. Del mismo modo que el alma y el cuerpo están conectados para el cristiano, la forma y el contenido están conectados para el artista. Me viene a la cabeza un paralelismo detrás de otro.

En el dogma cristiano, por ejemplo, es crucial que Dios es uno y trino, que el Padre, el Hijo y el Espíritu Santo son tres personas separadas, y a la vez una sola. Tres y uno son lo mismo.

Y tampoco es que esto sea muy difícil de entender, al menos para el que tiene experiencia con el teatro. El propio concepto persona, que viene del griego *persona* y significa máscara, es de considerable ayuda. Y también el hecho evidente que, en una buena representación teatral, todas las partes se funden en una totalidad, y es la totalidad, el espíritu de la totalidad, la que habla, por decirlo así, la que presenta su callada alocución, digamos.

Un amigo mío inglés, el director de teatro Ramin Gray, que es de padre judío y madre persa, me dijo una vez que la cultura del teatro se ha desarrollado en la cultura cristiana, y no en la islámica, a causa del cristianismo y la idea del Dios trino.

El maestro Eckhart no era sistemático, pero a menudo distingue entre el Dios trino y lo que él llama *Gottheit,* divinidad, y a veces parece referirse a la divinidad también cuando escribe sobre Dios. Puede parecer una idea gnóstica, y tal vez lo sea, pero quizá esta distinción sea útil cuando intentas reconciliarte con ese Yahvé que mandó a Moisés lapidar a aquel que recogió leña en el *sabbat,* por ejemplo.

Empleas constantemente la palabra «Dios». ¿Quién es Dios?

De eso no puedo decir nada. Evidentemente. ¡Menudas preguntas haces! Simplemente porque se puede decir algo sobre lo creado, sobre las cosas creadas, pero nada sobre lo no creado.

El mejor texto dogmático que he leído sobre Dios es la *Teología mística* de Dionisio Areopagita. Puede que sea el mismo Dionisio al que menciona san Pablo como obispo de Atenas. Eso pensaban muchos antes y puede que este texto, precisamente, fuera escrito así de pronto, aunque está comprobado que otros textos atribuidos a Dionisio se escribieron *más* tarde y por otras personas.

La teología mística, negativa o apofática, dice que todo lo que podemos decir de Dios –es decir, las cualidades que podemos atribuirle, que es distinto a pensar en Dios como ser absoluto, porque eso no es una cualidad– es negativo. Podemos decir que Dios está fuera del tiempo, del espacio, etcétera, pero decir que Dios es esto o aquello o lo de más allá, solo reduce a Dios.

Pero a la vez que no se puede decir nada sobre Dios, Dios sí puede ser vivenciado o experimentado:

Dios está en lo más profundo de tu interior y más alejado que todo lo demás.

Mi cita favorita de la Biblia aparece en el Evangelio de san Lucas: «El reino de Dios está dentro de vosotros». Sé que el mismo texto puede traducirse también como «El reino de Dios está entre vosotros». Sin embargo, las dos interpretaciones dicen algo parecido. El reino de Dios no es algo que está por venir, sino que ya vino, en y con Jesucristo.

Eckhart emplea muchas palabras para tratar de representar a Dios en el ser humano, lo intenta una y otra vez con la chispa, la luz, la oscuridad, la luminosa oscuridad, la noche, la nada, el abismo, y consigue decir muchas cosas, aunque nunca encuentra una palabra única. Aunque quizá precisamente por eso consigue decir tanto.

Dios es das ganz Andere, *dijo Rudolf Otto. Dios es algo absolutamente otro, absolutamente sagrado, que cae fuera de nuestras categorías. Pero si es demasiado diferente, no sirve, porque si es tan diferente que no lo reconocemos, nos sentiremos solos. Pero si no es más que una proyección de nosotros mismos, tampoco funciona, porque entonces somos dioses, que aprehenden a Dios. ¿Cómo encontramos algo intermedio entre estos dos extremos?*

La teología de *das ganz Andere* no está mal, cubre relativamente bien la teología negativa. Y sin embargo a mí me resulta más fácil entender a Dionisio que a Otto. Aunque en ese caso hay que recordar que, dentro de ti, en lo más profundo de tu interior, también está Dios. Y también allí está como *das ganz Andere*, por decirlo así.

De modo que, de acuerdo, necesitamos la teoría dogmática, la teología, la hermenéutica, etcétera, pero una teología literalmente *sola scriptura* a mí me suena realmente descabellada. Tengo muy presente aquel episodio de cuando Moisés y su séquito se encuentran con un hombre que está recogiendo leña en el *sabbat*. Moisés se aparte para escuchar al Señor y este le ordena lapidar al hombre, cosa que hacen, según el libro de los Números. La orden del omnipotente se lleva a cabo.

O cuando Jesús anima a los creyentes a beber veneno, porque no se envenenarán. Puede tener sentido, pero no si se interpreta literalmente. En sentido metafórico, sin embargo, puede tener sentido.

Se trata de ejemplos extremos, pero, en principio, toda lectura de la Biblia debe ser al menos doble.

¿La palabra Dios aparece en tus textos?

Sí, a veces. En algunos de los poemas y, en la obra *Sueño de otoño,* uno de los personajes dice que Dios y la sexualidad se parecen en que cuanto más hablas de ellos, más desaparecen. Supongo que yo mismo pienso algo parecido, tengo un gran pudor, y un gran respeto, por la palabra Dios.

Dices que se llega más cerca de Dios al callar que al hablar. La teología dogmática trata de ponerle palabras a los misterios cristianos. ¿Eso te disgusta?

No, no tengo nada en contra de la teología dogmática, como tampoco tengo nada en contra de la teoría y crítica literaria. Estoy muy a favor de la academia, aunque personalmente no se me pasaría por la cabeza trabajar en ella. Nunca he tenido deseos en ese sentido y, al acabar los estudios universitarios, tuve muy claro que no quería dar codazos en los pasillos de una universidad. Pero he aprendido mucho sobre el arte leyendo teoría y filosofía. Y leer a los teólogos me ha ayudado mucho con mi fe, por ejemplo, leer a Bultmann y a otros teólogos dialécticos o existencialistas. Por no decir al mayor de todos los teólogos: Tomás de Aquino.

La teoría y la filosofía, por ejemplo, la estética, son ya muy importantes en sí mismas. Al igual que la teología, claro. Pero si ni siquiera la teoría literaria es capaz de aprehender su tema, ¿cómo va la teología a ser capaz de aprehender el suyo?

No llegas a la magia del poema por medio de las teorías literarias. No es lo que sabes lo que hace grande la vivencia del poema, sino lo que no sabes. Me viene a la cabeza el título de la obra *The Cloud of Unknowing,* un libro que merece la pena leer, pragmático a la inglesa, incluso en el campo de la mística.

Porque el cristianismo es la religión de la paradoja y el misterio, y nunca se entenderá, o se presentará satisfactoriamente, mediante conceptos, de un modo académico.

Hace poco, me resultó muy revelador leer, en Bultmann, que lo que trata de hacer Heidegger en *Ser y tiempo* es reescribir el Nuevo Testamento en forma de filosofía. En cierto sentido, lo entiendo. Aunque yo más bien diría que, con *Ser y tiempo,* Heidegger facilita la comprensión del Nuevo Testamento, de su mensaje, o de su kerigma, como diría Bultmann: Jesucristo como redentor. Jesucristo que se encuentra con el ser humano cuando llega a esa «estación fronteriza» que es la existencia.

Durante años, esto casi escindía mi ánimo: por un lado, la pasión por el concepto, la fascinación por la teoría y la filosofía, y, por el otro, la escritura literaria, la que escucha y está relacionada con las musas.

Empecé más o menos a la vez a estudiar en la universidad y a escribir literatura, y escribí mi primera novela publicada cuando tenía alrededor de veinte años. Me habría gustado estudiar al menos una lengua y me arrepiento un poco de no haberlo hecho, pero llegué a la conclusión de que sería demasiado duro hacerlo al mismo tiempo que escribía. También por eso, acabé teniendo una formación universitaria exclusivamente teórica.

En cuanto a mi obra, resolví el problema distinguiendo radicalmente entre lo que llamaba «lo ensayístico» y lo que llamaba «lo literario». No encontrarás ni un extranjerismo, ni el nombre de un solo filósofo, en mi literatura de ficción.

Así que escogí la poesía. También, sin duda, porque era donde más tenía que aportar.

En suma: no estoy en contra de la teología, en absoluto, al igual que tampoco estoy en contra de la teoría o la investigación literaria. Pero seguramente los teólogos hacen bien en ser conscientes de lo limitada, y en el peor de los casos, limitante, que puede llegar a ser la teología. Creo que la mayoría de los teólogos son conscientes de esto.

¿El paso a lo católico se reflejará en tus textos?
Espero que no. El arte que opina, sobre religión, política o lo que sea, ya no es arte. Tengo una cita fa-

vorita sobre este tema, es del poema «Ars Poetica» *de* Archibald MacLeish, un poeta norteamericano no muy conocido. Los últimos versos dicen:

> *A poem should not mean*
> *But be.*

Es tan breve y categórico como verdadero. Un artista que opina, que introduce a la fuerza opiniones, mensajes o sermones políticos, religiosos o lo que sea, en la obra, renuncia al misterio que es el arte en sí. Renuncia a la escucha abierta. Y con ello renuncia al arte.

Tal vez sea algo parecido lo que ha hecho la Iglesia luterana al renunciar al misterio en favor del mensaje, de la palabra, de aquello que se puede decir literalmente. Yo estoy en contra de toda lectura literal, tanto de la Biblia como de la literatura. Hay que empezar por ahí, por la letra, pero si te quedas en eso, no hay más que caos. La letra mata, pero el espíritu da vida, como dicen las Escrituras.

No creo que en el futuro escriba de un modo ni más ni menos católico de lo que he hecho hasta ahora. Pero, en realidad, hay personas que piensan que toda mi obra ha sido católica, desde el primer momento. El crítico Leif Zern dice que estaba convencido de que yo era católico en cuanto vio y leyó mis primeras obras teatrales. Varias otras personas que conocen bien mi obra han dicho lo mismo. De modo que es posible que escriba todo de un modo católico. Qué sé yo.

Pero al menos sé que no trataré de hacerlo. Escribo como escribo. No intento nada. Escucho. Me oriento escuchado en la oscuridad profunda, y eso seguiré haciendo.

Pero dejaste de escribir teoría, de escribir ensayos.
Sí, simplemente decidí dejarlo. En los ochenta y los noventa, escribí bastantes textos ensayísticos, y he reunido parte de ellos en las dos antologías de ensayos que he publicado, la primera en 1989 y la segunda en 1999. Más tarde han salido en un solo tomo. Y no hace mucho repasé los ensayos y edité una selección, porque hubo interés por publicarlos en inglés. En noruego salió con el título: *Cuando un ángel cruza el escenario y otros ensayos.*

En parte, dejé de escribir artículos y ensayos porque sencillamente no tenía tiempo para hacer todo lo que estaba haciendo. Pero también, y quizá en gran medida, lo dejé porque comprendí que la teoría y los conceptos no daban buen resultado, que me acercaba mucho más a una verdad digna haciendo literatura. Fue casi como una declaración de principios, en la que aún me mantengo. Al menos, por ahora.

Naturalmente, está también relacionado con el talento que uno tenga. Yo nunca habría llegado a ser un gran investigador universitario. Por disposición, soy mucho más músico que profesor.

El músico que hechiza al público con su talento. Al hablar de talento, se está rozando ya el concepto de gracia en el sentido de la tradición cristiana. ¿Has recibido un don del cielo, una vocación?
Puede ser. Quizá tenga tanto un don del cielo como una vocación. Pero no me atrevería a afir-

marlo. Apenas me atrevo a formular la idea en tanto que pregunta.

Quizá porque pienso que quien se considera llamado, no lo está. Para aquel que piensa que hay un plan trazado para su vida, al menos, no lo hay. Así pienso yo. Pero sí, a veces tengo la sensación de que hay una dirección establecida para mi vida, a veces siento que hay una providencia para mí. Y, en el fondo, me fío de esa dirección, por usar esta palabra. Dejo que venga lo que tenga que venir. Trato de no dirigir demasiado. Lo que ocurre, ocurre. Nunca tuve el deseo, o el plan, de ser dramaturgo, y resulta que lo fui hasta la médula. Simplemente pasó. Como simplemente acabé alcoholizado. Debo de llevar dentro una especie de fatalista, quiera o no, aunque esté convencido de que la doctrina de la predestinación es errónea. Y de que existe la libre voluntad. El bien existe. El mal existe. El amor existe. La elección existe.

Pero la verdadera paradoja –y no soy capaz ni de entenderla ni de decir gran cosa sobre ella– es que, sin duda, ¡no soy yo quien ha dirigido mi vida, por mucho que lo haya intentado! Y en ocasiones soy capaz, por ejemplo, de predecir que va a pasar esto o aquello, aunque sé intuitivamente que hay que luchar contra estas tendencias en uno mismo, hay que contenerlas, no cultivarlas, no desarrollarlas.

De modo que, desde mi experiencia, podría parecer que hubiera una especie de providencia, en un sentido limitado. Al mismo tiempo la voluntad es libre. En fin, una vez más desemboco en la paradoja.

¿Por qué estimas tanto la literatura?

Por todo lo que se revela en ella. Es como si el arte fuera capaz de abrir una senda entre lo creado y lo no creado, que normalmente no puede avistarse o conocerse.

Y a menudo lo hace de una manera incomprensible. Pienso que el arte ha de ser hermoso. Pero para que una obra de arte sea hermosa, debe tener también, paradójicamente, claro, algo defectuoso, algo feo, en fin, algo doloroso.

El arte tiene una importancia decisiva porque es uno de los pocos lugares donde se mantiene viva la vida espiritual en una sociedad que, por lo demás, trata de ser tan materialista, burocrática y «positivista» como sea posible. El espíritu, al parecer, es peligroso.

Sin embargo, el arte mantiene abierto el espacio espiritual y, sin un espacio espiritual, tampoco puede haber una fe auténtica o verdadera. Me imagino que esto sería lo que quería decir el papa Juan Pablo II cuando, en su «Carta a los artistas», dijo que, aunque el arte no necesitara a la Iglesia, la Iglesia sí que necesita al arte.

Y supongo que, en gran medida, entiendo lo religioso a partir del arte. Todos los poetas, o los pintores, los que realmente lo son y no solo intentan o quieren serlo, llegan, de algún modo, a lo mismo, al mismo poema. Alcanzan algo que no puede decirse de otro modo que precisamente como lo hace ese artista en esa obra.

Es como si un buen artista consiguiera extender esa chispa que está en lo más profundo de todas las personas, hasta hacerla visible en el espacio de lo creado, como literatura, como imagen, como música. Esa chispa en lo más profundo de nuestro interior, que es lo completamente único y, a la vez, lo totalmente universal, se hace visible, como quien dice, en la buena creación artística. Y para lograr esto, obviamente, es necesario que el artista esté a lo suyo, que se mantenga firme en lo suyo. Otra manera de decirlo sería que la mayoría de los buenos artistas, aunque no todos, pueden ser parodiados. Ya sea Dag Solstad, Ibsen o Munch.

Hablas con frecuencia del arte, y no de la literatura en particular.

Por lo general no hago grandes distinciones entre los diversos tipos de arte, en el fondo tratan todos de lo mismo, tanto la literatura como la música y las artes plásticas. Cada arte realmente único tiene su propio poema único. En lo exterior, unos se distinguen de otros, igual que los talentos, pero en lo interior no. En todos los casos se trata de mostrar lo que no se puede decir.

También diría que tanto el monje cristiano como el budista pueden llegar más o menos a lo mismo, aunque de maneras distintas, por medio de dogmas distintos, o como quiera decirse. Creo que lo sagrado a lo que pueden acercarse es lo mismo, Dios es el mismo. Ya se le llame Dios o nirvana. En *De Deo abscondito,* Nicolás de Cusa escribe que solo hay un Dios y una religión, y que todas las religiones son caminos distintos a la misma meta, aunque Dios –como dice el título– esté escondido para todo el mundo.

Aun así, la condición necesaria tanto para el cristiano como para el budista es no escaquearse, no dejarse llevar por los vientos, sino agarrarse a lo propio. Un cristiano quizá diría que es Cristo quien se revela al budista, aunque disfrazado, digamos. Puede ser. Pero el budista no estará de acuerdo con esto. Y puede que ambas partes tengan razón.

Pero si el católico o el budista renuncian a su camino, perderán su camino, y con ello habrán perdido también la meta. Porque es obvio que, de alguna manera, el camino es la meta, igual que ocurre en el rezo o en la comunión. Dios está en el instante que no existe, y que siempre existe. Porque la eternidad es ahora. Y en el ahora estamos siempre orientados hacia el futuro, porque siempre estamos esperando y la espera contiene la expectación, la esperanza. Tiene que contenerla. De igual modo, el pasado, el recuerdo, tiene como condición el olvido y también está presente en el ahora.

La tolerancia requiere que veas lo otro desde un lugar. Si no ves lo otro desde un lugar, tampoco puedes ser tolerante frente a lo otro. Solo ahora que me he convertido al catolicismo puedo ser tolerante en el verdadero sentido de la palabra. Ahora estoy más cerca del monje budista que antes de decidir llamarme a mí mismo cristiano, y aceptar las consecuencias de esa elección. O por decirlo de otra manera: soy más budista ahora que me han untado el crisma en la frente, de lo que era antes de convertirme.

La Iglesia católica es conservadora en muchos aspectos, e interviene en la vida de la gente en ámbitos muy delicados. ¿Qué opinas de eso?

Me gusta que la Iglesia católica hable con claridad. Otra cosa es que yo no esté de acuerdo con todo lo que dice. Obviamente discrepo cuando me declaro, por ejemplo, a favor de la comunión abierta.

Sin embargo, en lo cultural, soy conservador en muchos aspectos. En sentido político, me considero desde joven una especie de socialista, o más bien un cierto tipo de anarquista, un anarquista de Vestlandet, como me gusta llamarme, para vincularme con gente como Arne Garborg o Ivar Mortensson-Egnund. Sin los sistemas «socialistas» de subsidios como la compra de libros que hace el Estado, los préstamos de estudios, las viviendas públicas para estudiantes y las diversas becas para artistas, la verdad es que no sé lo que habría sido de mí. Pero el caso es que también tengo valores conservadores: prefiero la literatura seria que la policiaca, prefiero a Bach que a los Beatles y estoy más interesado que la mayoría en que se protejan las casas antiguas y los barcos viejos, y en que las palabras viejas no caigan en el olvido. Ahora bien, del mismo modo en que, desde la adolescencia, me he sentido como una especie de artista, siempre he sentido también que pertenecía a la izquierda, que pertenecía y que pertenezco. Un poco del mismo modo en que ahora tengo la sensación de pertenecer al mundo católico. Y no veo que ser de izquierda radical sea incompatible con profesar la fe católica, o la doctrina social, al contrario.

Ya François Mauriac hablaba de que la oposición entre lo que él llamaba cristianismo y lo que llamaba comunismo y marxismo se podía reducir, y quizá incluso superar. La verdad es que tengo la impresión de que, en la Noruega de hoy, la denominada izquierda y los denominados cristianos constituyen,

en gran medida, una oposición unida, una contra-
cultura unida, es decir, que han pasado de ser posi-
ciones mutuamente excluyentes a constituir una especie de frente común contra la cosificación del ser
humano, contra el culto al cuerpo, contra la sexua-
lización de todo tipo de cosas, contra la cuantifica-
ción –eso de que todo se mida en números y en dinero– y la plutocracia, y a favor del amor al prójimo,
la solidaridad, el respeto por los menesterosos, por la
dignidad del ser humano, por los valores. Ambos
grupos están a favor de que también cuenten los valores humanos y espirituales, no solo los materiales,
ya estén estos valores espirituales relacionados con
el arte y la cultura, o con la vida en la fe.

La verdad es que es evidente: todo lo que realmente tiene valor en la vida, ya sea el arte poderoso
o la dignidad humana, posee en general poco o ningún valor en el mercado. La excepción sería aquel
arte plástico poderoso que se ha convertido en inver-
sión. En cualquier caso, está claro que una sociedad
no puede dejarse regir por el mercado, por la oferta
y la demanda. En ese caso, ni se cuida de la buena literatura ni se cuida de las ancianas achacosas. Es evidente. Pero al mismo tiempo el mercado también es
necesario, el mercado es invencible en lo suyo. Así
que supongo que, en el fondo, somos todos social-
demócratas, como decía Einar Førde.

¿Eres «socialista cristiano»?
No se te ocurra llamarme socialista cristiano, es
uno de los términos más empalagosos que conozco.
Es casi tan repugnante como el término «creativo»,
o «deporte», o «positivo», o incluso «devoto», por-

que yo soy cristiano, pero no devoto. Hay palabras que sencillamente no me gustan. Quizá porque está claro que se puede ser cristiano y socialista, del mismo modo que cristiano y liberal, etcétera. «Liberal cristiano» supongo que significará más o menos lo mismo que norteamericano medio, ¿no? Otra palabra que por alguna razón no me gusta es «punto»: ¡Deporte cristiano en un punto creativo y positivo! Una frase bastante divertida, por cierto

Pero lo que está claro es que me cuesta encontrar mi sitio en el paisaje de los partidos políticos noruegos. He votado a muchos partidos distintos, y en las últimas elecciones municipales y autonómicas, por ir sobre seguro, voté a dos: a Rojo y al Partido Liberal.* Y si hay algo que no aguanto es la burocracia. De todo tipo. Sencillamente odio los formularios. Hay demasiada gente perdiendo el tiempo con formularios. No es de extrañar que haya gente que sienta aversión por todo lo que tenga que ver con el «sector público». De manera que, en varias cosas, estoy de acuerdo con el Partido del Progreso.** También debo decirlo.

La verdad es que, cuando yo era joven, en el ambiente en que yo me movía, declararse de izquierda radical era darse de baja de la sociedad,

---

* Raudt [Rojo] es un partido que se define como socialista y se sitúa en el extremo izquierdo del espectro de partidos noruegos mayoritarios, mientras que Venstre [Partido Liberal] es un partido que se define como liberal y se sitúa en el centro-derecha *(N. de las T.)*.

** Fremskrittspartiet [Partido del Progreso] es un partido que se define como liberal y se sitúa en el extremo derecho del espectro de partidos noruegos mayoritarios *(N. de las T.)*.

más que inscribirse en ella. Y hasta cierto punto tengo la sensación de estar haciendo lo mismo al convertirme al catolicismo. Algo de lo mismo en mí pertenece tanto a la izquierda radical como a la Iglesia católica, a pesar de todo lo que se puede decir tanto de la izquierda como de la Iglesia católica.

¿Qué opinas de la visión que tiene la Iglesia católica sobre la homosexualidad?

Varios de mis mejores amigos son homosexuales, en realidad eso podría ser respuesta suficiente.

Pero lo voy a explicar lo mejor que pueda. Siento respeto por la ética sexual católica y, en realidad, estoy de acuerdo en lo básico, si es que lo entiendo correctamente. Las ideas de la contención y la lujuria han marcado mucho el cristianismo, tal vez se remonten a la idea de la caída, al momento en que Adán y Eva vieron que estaban desnudos, y aparecieron la sexualidad y la muerte.

Supongo que, en la interpretación católica, y desde Agustín de Hipona, la muerte se ve como consecuencia del pecado. No del pecado de cada uno, sino del pecado original. Y la muerte está inexorablemente vinculada con la sexualidad. Por eso resulta comprensible que la Iglesia siempre haya querido limitar el poder de la sexualidad, del mismo modo que también ha tratado de limitar, o incluso eliminar, el poder de la muerte.

Pero, aunque la sexualidad conduce a nuevas vidas y con ello a nuevas muertes, la sexualidad es también lo contrario a la muerte, precisamente porque conduce a nuevas vidas. Es como si el ser humano, el hombre y la mujer, fuera divino cuando hace lo que hay que hacer para concebir a un niño y hacerlo nacer. Creamos, como quien dice, a imagen y semejanza de Dios. Y esto supera el entendimiento, está por encima de la facultad humana de comprender: es como si el ser humano, al crear nuevos seres humanos, se transformara en Dios, y luego fuera castigado por ello con la muerte, digamos.

¡Menuda paradoja! La sexualidad crea nuevas vidas humanas y, con ello, nuevas muertes. Porque es inevitable que, al nacer un niño, nace también un muerto. En un mundo caído, la concepción y la muerte son inseparables. En el reino de Dios –que a mi juicio está aquí y ahora, está entre nosotros, como se dice–, el poder de la muerte desaparece. Y, con ello, también el poder de la sexualidad.

Porque la promiscuidad no conduce a nada bueno, como tampoco conduce a nada bueno beber un litro de vodka al día. A mí me parece correcta y bonita la postura tradicional cristiana de que la sexualidad ha de mantenerse dentro del marco del amor. La sexualidad es un instinto brutal y animal que hay que domar, por medio del amor, los cuidados y la decencia normal, claro. Es algo tan evidente en toda clase de vida en sociedad que apenas reparamos en ello.

La sexualidad hay que domarla, pero si el marco en que se doma es el matrimonio contraído o es otro, tiene en realidad menos importancia. En eso pienso igual que la gran mayoría de los noruegos. Y tan pronto como lo digo, ¡voy por buen camino de compartir destino con el maestro Eckhart! ¡Es al menos un consuelo que, por lo que he leído, la palabra hereje no viene de la palabra cuáquero, sino de la palabra cátaro!*

Me resulta algo incómodo hablar de esto, casi un poco indecoroso, igual que hablar de mis experiencias místicas, pero, en fin, quizá sí haya algo pecaminoso en la sexualidad en sí misma, porque está relacionada con la animalidad del ser humano (el ser humano es medio animal, medio ángel, como escribió Pascal, y el amor y la sexualidad son contrarios, como escribió Otto Weiniger). Y, si hay algo pecaminoso en la sexualidad en sí, me resulta difícil entender que la heterosexualidad sea mucho más pura que la homosexualidad. No lo es. Evidentemente se puede decir que el hecho de concebir hijos legitima la heterosexualidad, y que además le proporciona dimensiones divinas, haciendo que pertenezca al lado angelical del ser humano. Y es verdad. Pero entonces, de alguna manera, se traslada la sexualidad desde la experiencia vivida a la narración, y justamente eso, supongo, es lo que trata de conseguir la Iglesia católica al convertir en sacramento la promesa de fidelidad eterna. Tiene algo de hermoso, si se piensa bien. Sobre todo, cuando se ve en relación con, y en contraste a, el celibato. Aunque tampoco hay que olvidar que el matrimonio no obtuvo estatus de sacramento en la Iglesia hasta el siglo XIII.

La mayor parte de mis amigos homosexuales viven en relaciones de pareja homosexual de larga duración, y no puedo decir, ni ver, que eso le haga ningún mal a nadie ni a nada. Han colocado su se-

---

* En neonoruego, al parecer, *kjettar* [hereje] no deriva de *kvekar* [cuáquero], sino de *katar* [cátaro] *(N. de las T.).*

xualidad en un marco de amor y cuidados, y eso no conlleva que haya menos amor en el mundo. Todos mis amigos homosexuales, al menos la mayor parte de ellos, me han dicho que simplemente descubrieron que les atraían las personas de su mismo sexo, no era algo que estuvieran buscando. Simplemente lo descubrieron en algún momento de su pubertad y algunos de ellos lo sintieron como una catástrofe, como si el mundo se derrumbara. Pero sencillamente era lo que sentían. Se vieron arrojados a ello, que diría Heidegger. Era su facticidad. No podían librarse. Estoy seguro de que la Iglesia daña su propia alma al hacerle la vida más difícil a aquellos a quienes les ha tocado ser así.

El hecho de mantener las doctrinas tradicionales y no bendecir esa clase de relaciones no es tan grave, es comprensible, pero que a los homosexuales activos, que tienen relaciones estables dentro del marco del amor, se les niegue la comunión, me parece simple y llanamente un pecado. Cuanto menos es afán de poder, y está privado de belleza. Es feo. Hay que decirlo, aunque lo diga un canalla como yo, desde la última fila, o quizá precisamente tiene que decirlo alguien como yo.

Es posible que incluso el papa Francisco dijera algo parecido: «Si un homosexual busca a Dios, ¿quién soy yo para juzgarlo?».

¿Qué opinas del divorcio?

Lo mismo vale para aquellos que, por distintos motivos, acaban divorciados, como tú y yo, por ejemplo, o como la hermana del papa Francisco, ya que acabamos de mencionarlo. Por suerte, yo nunca había estado casado por el sacramento de la Iglesia católica, y tampoco la mujer con la que me casé, así que, aunque la Iglesia no pueda bendecir nuestro matrimonio, al menos lo considera católicamente válido, esto nos lo han confirmado tanto en Noruega como en Eslovaquia, por lo que tanto mi mujer como yo podemos participar en la comunión.

El hecho de que la Iglesia no pueda bendecir nuestro matrimonio me parece en realidad aceptable. Porque un divorcio no es algo bueno, aunque ahora sea tan habitual que lo raro empieza a ser no estar divorciado. La tradición católica exige lo suyo, lo cual puede ser lógico, tanto la tradición humana como la sacra, aunque seguramente se metan en la segunda categoría cosas que tal vez sean más propias de la primera.

Porque si mi mujer o yo hubiéramos estado casados antes sacramentalmente, no habríamos podido participar en la comunidad de la comunión. Igual que si conviviéramos y tuviéramos relaciones sexuales sin estar casados. O si fuéramos del mismo sexo. Creo que, con esa práctica, la Iglesia católica corre peligro de cometer un gran pecado, como ya hizo en otras ocasiones al perderse por caminos erróneos, baste mencionar la quema de herejes y, más tarde, la de brujas. Aunque la verdad es que en Noruega fueron los luteranos los que se encargaron de quemar a las brujas, sin que tenga mucho sentido remover ese asunto.

Simplemente pregunto: ¿qué derecho tiene la Iglesia a prohibir que mis amigos homosexuales, o a mis amigos heterosexuales que conviven sin estar casados, formen parte de la comunidad de los santos?

O por poner un ejemplo aún peor: ¿Cómo pueden prohibírselo a una pareja católica, profundamente creyente, que vive en Groruddalen* y está formada por una pobre mujer filipina que se ha casado con un carpintero polaco que se divorció porque su primera mujer lo abandonó al enamorarse de un noruego que conoció en el trabajo?

No es cometido mío trazar los límites, ni para la Iglesia ni para el individuo. Pero no puedo sino opinar lo que opino. La sexualidad entre adultos dentro de un amor monógamo no es pecado. Será animal, pero no pecaminosa. Y como bribón sentado en la última fila supongo que tengo derecho a opinarlo.

También opino, por ejemplo, que el bautizo no es un acto tan obviamente correcto como se pretende. Los niños pequeños ya están con Dios, no necesitan llegar a él. Si algo dicen los Evangelios con total claridad es justamente eso, que, por cierto, es lo contrario de lo que enseñaba antiguamente la Iglesia católica, cuya doctrina decía que, antes del bautismo, los niños pequeños pertenecían a Satanás. Sin embargo, todo parece indicar que el bautismo tardó bastante en hacerse habitual en la Iglesia. Y, además, supongo que una de las razones por las que la Iglesia católica acepta el bautismo protestante, es que no le da demasiada importancia, al igual que no parece dársela al matrimonio protestante. Tanto el bautismo como el matrimonio forman parte de los sacramentos menos importantes, por decirlo así.

* Uno de los barrios más desfavorecidos de Oslo *(N. de las T.).*

Personalmente, tengo la sensación de que mi bautizo y mi confirmación tuvieron lugar en el momento en que me convertí, aunque de bebé fuera bautizado en la Iglesia estatal noruega. Pero esa es mi sensación y carece, en realidad, de importancia para los demás.

El sacramento de los sacramentos, que podría denominarse el Sacramento, con S mayúscula, es y será la comunión. Y justo en este tema creo estar totalmente alineado con la ortodoxia católica. Aunque opino que la Iglesia ortodoxa, que llama «misterios» a los sacramentos, tiene una expresión más apropiada: el misterio de los misterios.

¿Invitas a la desobediencia civil dentro del Vaticano?

No quiero hacerlo. La jerarquía eclesiástica es correcta e importante. Sobre eso también ha escrito cosas clarificadoras Dionisio Areopagita, seguramente el neoplatónico tardío. Cada uno debe saber cuál es su sitio, pero mi conciencia dice sí a la desobediencia civil. Lo correcto es que todos puedan experimentar el misterio en la fe.

Todas las religiones tienen un lado práctico, más allá de los dogmas. Los creyentes deben distinguir en todo momento entre lo que está creado por el hombre y lo que viene de Dios. La Iglesia católica tiene mucho poder y mucha fuerza, tanto teológica como ética, y da instrucciones sobre la fe correcta y la vida correcta. ¿Eso te molesta?

No. Aunque en algunas cosas diga algo distinto de lo que dice la Iglesia, en lo fundamental estoy de acuerdo. Soy, por ejemplo, pacifista, a pesar de que cada vez tengo más dudas al respecto. Pero pienso que está mal quitarle la vida a una persona, incluso en estado de guerra, aunque la Iglesia católica puede encontrar esto último correcto. Así que mi conciencia me dicta aquí algo distinto al dogma. Mi postura implica que tampoco está bien quitarse la vida, o eliminar un feto, sin embargo, aunque sea correcto decir no al suicidio y al aborto, no hace falta profundizar mucho en uno mismo para entender lo profundamente humanos que pueden ser ambos actos. Una de mis primeras obras, *Madre e hijo,* que escribí mucho antes de mi conversión, trata, por cierto, del encuentro entre un hombre, que se ha criado con sus abuelos, y su madre, que hubiera preferido abortarlo.

Pero no hace falta echar leña al fuego y, para la sociedad noruega, seguramente lo mejor sea no encender un nuevo debate sobre la legislación del aborto.

Ahora bien, el dogma es necesario, igual que lo es tener una orientación ética clara e inequívoca, y veo mucha sabiduría y sensatez en la ética católica tradicional –también en lo referente al aborto y al suicidio–, aunque siempre hay que tener claro, con los ojos de la conciencia, que la vida vive, que la vida no puede dirigirse dogmáticamente, y esto hay que tenerlo en cuenta. En el encuentro con el individuo hay que escuchar más a la conciencia, a lo que implica ser un prójimo, que a lo que diga la doctrina. Debe ser «más fácil obtener perdón que permiso». O como también se dice: «Quien esté libre de culpa, que tire la primera piedra».

Por lo demás, parte de la grandeza de la tradición católica reside en que uno se puede confesar y recibir perdón por sus pecados.

Y en cualquier caso se puede decir que el mundo no sería un lugar mejor sin la Iglesia católica, eso seguro. El dogma estricto de la Iglesia me preocupa menos que el hecho de que el capitalismo se extiende salvaje y brutalmente por el mundo entero, ocupando cada vez más territorio, y de que los medios de comunicación se dedican día y noche a propagar su estupidez sexualizada, que a menudo coincide con lo que necesita ideológicamente la economía capitalista para seguir adelante con lo suyo. La Iglesia católica es, en sí, un freno.

El hecho de que ya no seas un pacifista tan convencido, ¿se debe a que puede parecer que existe el mal puro?

Sí, será por eso. Era más fácil ser pacifista cuando lo de negarse a hacer el servicio militar, lo de ser pacifista, significaba no tener que pegarle un tiro, por ejemplo, a los que ahora son mi familia política eslovaca. O a alguno de mis buenos amigos de la RDA, o de algún otro país del Este. No me arrepiento de haberme negado a hacer el servicio militar, estoy orgulloso de ello. Tal y como era la situación entonces, no había otra alternativa moralmente aceptable.

¿Valoras el celibato?

Sí, lo valoro. Incluso en la sexualidad sacramental del matrimonio hay algo, no pecaminoso, pero sí animal, y me parece correcto que aquellos que deben elevarse por encima de los pecadores normales y corrientes como nosotros, y ser *alter Christus*, como se dice, esto es, los curas, no anden dedicados a esas cosas. Es distinto que te dé la hostia un hombre santo *in persona Christi* que un fornicador como yo.

Además, el celibato proporciona protección y morada a las personas que descubren que tienen una orientación sexual que no pueden o no quieren practicar. La homosexualidad no es un asunto importante, puesto que todo lo que los adultos aceptan voluntariamente no lo es, sean cuales sean sus deseos y sus vicios, siempre que se lleven a cabo dentro de un marco de amor y cuidados, y dentro de la monogamia, y preferiblemente en el marco de una obligación jurídicamente vinculante, el matrimonio. Dentro de esos marcos, la gente bien puede dedicarse a darse azotes, a disfrazarse de médicos y enfermeras, a besar zapatos o a lo que sea que encienda el deseo humano. Toda esta comedia humana es bastante ridícula, pero mucho peores son, por ejemplo, los deseos pedófilos, que son la tragedia humana en forma pura.

Los actos sexuales dirigidos a niños son sencillamente inaceptables. La infancia es una tierra limpia y sagrada. Es en la infancia cuando se está más cerca de Dios. Y luego hay pobres personas que se llenan precisamente de este deseo pedófilo. Difícilmente puede caerle peor cruz a un ser humano, y el que el celibato pueda, por ejemplo, ofrecer protección y respeto a una persona así habla a favor del celibato. Tal vez se podría decir que, con el celibato, una debilidad puede transformarse en una fuerza.

Pero evidentemente soy consciente de que el celibato en sí mismo no puede impedir los abusos, igual que, a mi entender, tampoco conduce a ellos.

Por otro lado, el celibato hace que nadie pueda «nacer» cura. Durante mucho tiempo, en los países protestantes, era corriente que los hijos de los sacerdotes se hicieran sacerdotes, lo cual contribuyó a que el clero se fuera distanciando de la gente normal. Solo por mencionar también este asunto.

¿Qué reformas hacen falta ahora en la Iglesia?
Como ya he dicho, hay que abrir la comunión a los divorciados y los homosexuales, por ejemplo. Tampoco entiendo muy bien qué impide a las mujeres ser curas, aunque el celibato tuviera que regir tanto para los curas hombres como mujeres. Hay escasez de curas y, si hay que elegir entre renunciar al celibato y abrir el sacerdocio a las mujeres, yo apostaría por esto último.

La Iglesia tiene su tradición sacramental y su tradición humana. Y la humana debería ser más humana, por decirlo así. Aunque dicho esto, hay que decir también que gran parte la fuerza de la Iglesia reside en haberse resistido a todo tipo de cambios marcados por los tiempos. Como dijo no sé quién, quinientos años son bastante poco tiempo desde una perspectiva católica. Y eso está bien. Entre otras cosas, ha sido ese girar con el viento del espíritu de la época el que ha hecho que las Iglesias protestantes se destruyan a sí mismas. Resulta llamativo que los países y territorios protestantes han acabado siendo países agnósticos o ateos, donde la Iglesia se reduce a ser un maestro de ceremonias, puesto que todas las sociedades necesitan, a veces, ceremonias. Mientras que, en los países católicos, la fe está muy viva. Pongamos por ejemplo la diferencia entre Chequia, que es protestante, y Eslovaquia, que es católica. Chequia, al igual que Noruega, se ha convertido en un país ateo, mientras que la fe cristiana impregna la sociedad eslovaca, de la misma manera que impregna la austriaca. En la vecindad en la que vivo en Hainburg, la mitad de los coches lleva un rosario colgado del retrovisor. Y la iglesia se llena los domingos. También podría ponerse el ejemplo de la sociedad irlandesa. Quizá no sea casualidad que los escritores que más aprecio sean austriacos, irlandeses o de ascendencia judía.

Evidentemente es tanto bueno como malo que la Iglesia católica esté tan atada a sus tradiciones, pero se trata más de una fuerza que de una debilidad, si la comparamos, por ejemplo, con la protestante, que se adapta y se adapta y gira con el viento para acabar anulándose a sí misma como Iglesia.

Porque la tradición no equivale a que todo, simplemente, siga como antes, la tradición exige renovación. Sin renovación, la tradición muere.

¿La tradición es importante para la fe?

Sí, es crucial. De alguna manera, la tradición mantiene viva la fe. Resulta muy bonito pensar en esa larga tradición ininterrumpida que se remonta hasta san Pedro y la montaña, y verse a uno mismo como un pequeño eslabón de esa tradición. Al contrario que pensarse como parte de la tradición que se remonta hasta Lutero y lo que trajo consigo la Reforma: el abandono de la independencia y la lengua noruegas, la destrucción de las obras de arte de las iglesias.

Y luego seguir remontándose desde san Pedro hasta el mayor de todos los rebeldes, el mayor de todos los librepensadores, como llamaba a Jesús el sacerdote, anarquista, traductor y defensor del neonoruego Ivar Mortensson-Egnund.

Pero al mismo tiempo es evidente, como digo, que una tradición, en cuanto que institución viva, también tiene que cambiar. Por eso es una tradición, no una pieza de museo.

La Iglesia católica tiene una línea de sucesión, la sucesión apostólica, que se remonta hasta el librepensador por medio de los papas. ¿Ha cambiado tu visión del hombre Jesús?

Sí, desde luego, es lo que más ha cambiado con mi conversión. Ahora tengo a Jesucristo más cerca. Las palabras de Jesús se han transmitido de generación a generación. ¡Como las melodías más antiguas de los violines populares! O el poema medieval *Draumkvedet* [El poema del sueño]. En cierto sentido, el autor del poema resulta cercano, precisamente porque se ha transmitido en el seno de una tradición viva.

Llevo mucho tiempo sintiendo una especie de cercanía de Dios, al menos desde mediados de los ochenta. Es posible que desde mucho antes, quizá toda mi vida adulta. Pero ver esto en relación con Jesucristo, y entender que Dios se hizo hombre para dejarse matar por los hombres con el fin de abrir una senda entre él y los hombres, me ha costado mucho admitirlo. Y sigo teniendo problemas para entenderlo. O simplemente no lo entiendo. Es y sigue siendo incomprensible. Pero, con frecuencia, aquello que resulta increíble en la literatura, por ser demasiado improbable, ocurre en la vida real. Y entonces pienso que es ahí donde tiene que entrar la fe.

Yo sé lo que sé, tengo mi gnosis, pues muy bien, pero con respecto a la labor de redención de Jesucristo no puedo sino hacer una elección: aunque no pueda admitirlo, entenderlo, puedo escoger creerlo. Y lo curioso es que cuando por fin opté por creerlo, sentí que era verdad. Crees que algo ha sucedido y entonces sucede, digamos. Se suele decir que la fe es un regalo, una gracia. Y casi da la impresión de que es verdad.

Porque si no crees en Jesucristo como redentor, no eres cristiano. Así de sencillo. Así de infantil. Así de tonto. Así es la locura que predicamos, dijo san Pablo. Una locura, desde luego, y quizá incomprensible para una persona adulta. Pero el que no se haga niño, no entrará en el reino de Dios, dicen las Escrituras.

Y en un ámbito completamente distinto: sin cierta ingenuidad, tampoco puedes creer en el poema, en el arte. Una y otra vez se encuentran los dos viejos enemigos –al menos según ese luteranismo que me enseñaron a mí–: el arte y cristianismo.

Aunque, pensándolo bien y mirándolo con distancia, resulta también completamente incomprensible que yo esté aquí sentado y tú estés ahí, que estamos charlando y nos entendamos. La vida es incomprensible en sí misma. Y la labor de salvación de Cristo, Jesucristo como redentor, no es ni más ni menos incomprensible, quizá incluso menos.

Y quizá, en cierto sentido, hay que ser infantil, ingenuo, simplemente para vivir, para tener fuerzas para vivir, para interpretar tu papel en este teatro que al fin y al cabo es la vida. Si pierdes esta infantilidad, supongo que te vas llenando de una tristeza que puede desembocar en una depresión profunda, y entonces ya no eres capaz de interpretar tu papel. La infantilidad, la ingenuidad, contiene la vida misma. No sé si será por eso por lo que me gustan tanto los niños pequeños. Todos los niños son poetas de Dios. Sin hacerte niño, no puedes entrar en el reino de Dios. Eso me habla al corazón.

¿Crees que Dios existe porque existen los seres humanos?

Escribí una vez en un poema que Dios existe puesto que existen mis amigos muertos. Aunque eso es algo distinto.

Quiero decir: ¿crees que Dios necesita al ser humano?

Todos los seres humanos tienen algo de Dios en su interior. En cierto sentido, Dios y el ser humano son inseparables. Es como si una cosa trajera consigo la otra. Aquello que está unido precisa de lo otro, y Dios y los hombres están unidos.

Nicolás de Cusa escribe que cuando Dios lo mira, él mira a Dios. Será algo parecido a lo que digo yo en el único salmo que he escrito, *Salmo de noche*:

> *Existe una tierra que abre*
> *su abismo de noche oscura*
> *y el alma y el cuerpo oculta*
> *hasta dejarlos en nada*

Existe una noche que va a tu encuentro
y te recibe con dulzura
y te permite descanso eterno,
tu mano, tu alma, tu cintura

Hay de Dios en todo lo que es,
en la tierra y el barullo nocturno,
tu alma es suya, eres su mundo,
luciendo haces salir su cielo.

Tras mucho debate, este salmo fue incluido en el nuevo *Libro noruego de salmos*. La conferencia episcopal estaba dividida por la mitad, pero el voto doble del presidente consiguió que el salmo entrara en el libro. Me he preguntado muchas veces qué tendrá de malo este salmo, pero nunca lo he entendido.

¿Crees que la relación con Dios consiste en que los humanos existimos para hacer la voluntad de Dios?

Sí, al menos si lees el Antiguo Testamento. Haz lo que te digo, o te irá mal, tanto a ti como a todo tu pueblo. Y así les iba, una y otra vez. No. ¿Cómo vamos a saber cuál es la voluntad de Dios? Los mandamientos ayudan, pero lo que dicen, creo, no son más que reglas generales de la decencia, por decirlo así. Aunque supongo que puede haber ciertas discrepancias.

Hay quien opina que blasfemar es usar el nombre de Dios en vano, mientras que yo más bien pienso que quienes dicen «yo estoy salvado, y tú estás condenado como no cambies de opinión» usan el nombre de Dios peor.

Hay quien opina que la actividad sexual antes del casamiento por la iglesia es fornicación, pero a mí me cuesta entender lo que tiene esto que ver con el casamiento jurídico burgués, y en qué medida este casamiento cambia el asunto de un modo fundamental en el sentido sacro.

Hágase tu voluntad, pedimos al rezar, pero ¿cómo vamos a saber cuál es la voluntad de Dios? Lo único que podemos hacer es escuchar, guardar silencio, escuchar el silencio, escuchar lo que hay de Dios en nosotros. Y todos tenemos en nuestro interior una conciencia que habla, que habla en silencio dentro de nosotros. Cuando hacemos algo que atenta contra nuestra conciencia, cuando hacemos algo malo, cuando pecamos, como suele decirse en los ámbitos cristianos, oímos que esa voz callada nos habla. Recuerdo que le daba muchas vueltas a qué era el pecado y que un sabio profesor de mi instituto nos dio una buena respuesta que aún recuerdo: El pecado es lo que nos separa de Dios, dijo. Era una respuesta que yo podía comprender, y aún comprendo. La verdad es que también comprendo que una buena parte de lo que se considera pecado coincide con lo que, al menos antes, se llamaba lujuria.

Por lo demás pienso que el papa Francisco ya ha dicho lo que, en el fondo, hay que decir sobre el pecado: Incluso para aquellos que carecen de fe, el pecado es no seguir los dictados de tu conciencia.

¿Y la obligación de misionar?

Un asunto difícil. El Dios del Antiguo Testamento era el dios de los judíos, un dios de tribu. Pero Cristo predica un Dios que no es solo para los judíos, sino para todos los pueblos, todas las personas. Y supongo que hay que procurar que todo el mundo se entere de que este Dios existe.

Los cuáqueros no quieren misionar, y será por eso por lo que son tan pocos. Supongo que la idea es que la gente tiene que encontrar por sí misma lo que está buscando, que no hay que imponerse, sino mostrar respeto por los demás. Yo estoy más bien de acuerdo con eso.

Tal vez pueda compararlo, al menos para aclararme, con lo que hago yo al publicar un libro, puesto que hacerlo implica cierto descaro. Requiero que otras personas me dediquen su tiempo y su atención, y entonces lo que escribo tiene que merecer ese tiempo y esa atención. Y no siempre estoy seguro, ni mucho menos, de que los merezcan. No me cabe ninguna duda, en cambio, de que merece la pena leer la Biblia, y por eso es correcto traducirla y difundirla todo lo posible. Esto merece la pena leerlo, esto tienes que conocerlo. No veo nada malo en que la Biblia llegue al mayor número de personas posible, y tampoco veo nada malo en que se interprete el contenido de la Biblia para aquellos que no lo conocen.

Pero cuando esta se presenta como la única verdad correcta, a menudo acompañada de amenazas con el infierno y cosas parecidas, cuando te dedicas a esas cosas, la verdad es que es mejor que te vuelvas a tu casa y esperes tu propio juicio.

Si es que existe el juicio, y supongo que existirá, ya lo dice el credo: Volveré para juzgar a los vivos y a los muertos. Y Jesucristo vuelve una y otra vez, y no lo hace en algún momento del futuro, sino en el presente, como bien ha entendido Bultmann. La conciencia la tenemos por alguna razón. Antes del cristianismo, abandonábamos a los hijos no deseados en el bosque, para que murieran allí. Un juicio escatológico algún día en el futuro… En fin, todas estas cosas yo me las imagino fuera del tiempo y del espacio, y por tanto, para nosotros, solo está presente, y se deja aprehender, en el instante, justo ahora. La eternidad existe en el instante, el juicio existe en el instante, que en cierto sentido no existe, es casi algo «no creado», una nada, en el encuentro entre el pasado y el futuro. Y, en el instante, Jesucristo juzga constantemente.

Misionar, lo que se dice misionar… Ayudar a la gente a aprender a leer y escribir, y darles agua limpia, al mismo tiempo que se les enseña cristianismo, pues la verdad es que creo que debe de ser bueno.

¿No estás en contra de las misiones?

Como viejo izquierdista radical, nunca me ha gustado el vínculo entre las misiones y el colonialismo, o el imperialismo, como se decía antes. Pero las misiones tienen tanto algo de bueno como algo de malo, claro. Hoy en día, la Iglesia católica tiene una posición fuerte en América Latina. ¿Habrían estado mejor los latinoamericanos si nunca hubieran llegado a conocer el catolicismo? ¿Habría sido mejor para los noruegos no habernos hecho cristianos?

El cristianismo llegó tarde a Noruega, ¿no ya era hora ya que llegara? Nada es unívocamente bueno o malo. Muchas cosas estaban mal en el comunismo, pero no todo. Y puedes considerarte católico liberal o socialista liberal aunque se hayan hecho, y se hagan, muchas cosas malas en nombre del catolicismo y del socialismo. Hay algo hermoso en el ideal «de cada cual según sus capacidades, a cada cual según sus necesidades», demasiado hermoso para simplemente descartarlo a causa de los crímenes cometidos en nombre del socialismo. Y hay algo demasiado hermoso en la idea de que Dios se hace hombre y el hombre se hace Dios, y así vence a la muerte, para descartarlo por este o aquel crimen cometido en nombre del cristianismo.

¿Y qué tiene de malo que el cristianismo se vea como una alternativa? ¿Qué tiene de malo que los cristianos estén presentes en Japón o en China, para hacer saber que también existe este camino a la verdad? Se trata de algo muy distinto a imponerle el cristianismo a la gente. Misionar en ese sentido, como proporcionar información, digamos, no es problemático. Solo contribuye a incrementar el saber en el mundo.

Si alguien en Japón siente que el cristianismo es su camino a la verdad, que es algo que da acceso a lo sagrado, estará bien. De la misma manera que está bien que algunos de mis amigos europeos hayan encontrado su camino a la verdad en el budismo, por ejemplo, el director de teatro belga Luk Perceval.

¿Qué piensas de las misiones en sociedades que ya tienen largas y orgullosas tradiciones, también religiosas?

En el transcurso de los años he cooperado bastante con artistas en China y Japón. En los países asiáticos entienden muy bien mi teatro. En otoño del año pasado, por ejemplo, montaron un Festival Fosse en Shanghái, con grupos de teatro invitados de Rusia, Italia, Irán y la India, además de una producción china. Nunca se habían reunido tantas puestas en escena de obras mías en ningún sitio. Y resulta que fue en Shanghái.

Se podría decir que la base del pensamiento chino y japonés es el budismo (en sus diversas variantes, claro, igual que hay diversas variantes del cristianismo). El budismo está relacionado con la tradición escrita más larga del mundo, con la institución monástica más antigua del mundo y con una religiosidad y manera de pensar que los occidentales podemos entender, al menos en parte. Supongamos que pretendiera explicarles a mis amigos asiáticos, con sus sabias y orgullosas culturas, que todo aquello en lo que creen son equivocaciones y mentiras, y que la verdad es Jesucristo y nada más. Yo soy el camino, la verdad y la vida (cosa que no está claro que dijera Jesús, por cierto). Para mí, obviamente, sería imposible.

Además, no sería verdad. Porque en realidad yo pienso y veo lo mismo que ven mis amigos asiáticos, por eso las culturas asiáticas comprenden tan bien mi obra, pero si pretendo decirles algo sobre mi obra, partiendo de mi confesión, acabarán surgiendo malentendidos.

Para las personas «de buena voluntad», como se suele decir, existen diferentes palabras, rituales y maneras de pensar que llevan Dios.

No podemos decir que lo uno está bien y lo otro mal. Si se quisiera, quizá podría decirse que Cristo puede actuar en distintas criaturas, también en Buda, por ejemplo. Por lo demás, pienso que quizá los cristianos deberían aprender a ver a Cristo en cada ser humano, igual que los budistas saben ver a Buda en cada ser humano.

Suena bien, pero tú te has convertido al catolicismo, así que no puedes pensar que da igual en qué crea cada uno, ¿no?

No, claro que no. Y lo que pienso es muy distinto a esa frase de «que cada uno sea bendecido conforme a su propia fe». Esta frase implica que da igual en qué creas, porque de todos modos acabas en lo mismo. Pero lo cierto es lo contrario: aquello en lo que crees tiene importancia, solo que se cree en distintas tradiciones. Tanto el budista como el cristiano pueden tener razón, pero tienen razón porque siguen su fe. Eso no significa que carezca de importancia en qué crees, al contrario, es muy importante, precisamente porque es tu camino hacia la verdad.

En cualquier caso, se trata de estar abierto, de escuchar.

Sí, tanto para la fe como para la literatura. En la verdadera literatura no hay nada inventado, sino que dice algo decisivo de la realidad en la que vivimos, la propia literatura se encuentra escondida en la realidad en la que vivimos, en la que vivimos lingüísticamente, claro, así que la verdadera poesía existe en secreto en nuestro lenguaje cotidiano. Escribir literatura, poesía, es avanzar escuchando, y no inventar. Se trata, por decirlo así, de sacar a la luz algo que ya existe, y será por eso por lo que, en el encuentro con la gran literatura, a veces se tiene la sensación de ver algo que ya se sabía, sin ser consciente de ello. La poesía es lo contrario de las «ocurrencias», y de la «creatividad», que por cierto es una palabra que detesto. Y al escuchar, callas. Cuando escuchas, permites que se te diga algo. Y eso es lo que escribes.

El lenguaje se escucha a sí mismo, y el lenguaje es en sí mismo poesía, por citar una vez más a Heidegger.

Por eso nunca he creído en la escritura basada en experiencias personales, imponerse uno mismo en la literatura imposibilita, como quien dice, la literatura.

Pero tan sencillo tampoco será, ¿no?

Evidentemente, esta clase de escucha requiere que domines tu oficio, que sepas escribir, o pintar, o tocar. Y cuanto mejor domines tu oficio, y más sepas sobre él, mejor. A un escritor le viene bien todo lo que sepa de métrica, retórica, narratología, dramaturgia, incluso de gramática e historia de la lengua. Yo, por ejemplo, siento que es una gran ventaja para mí, al escribir en neonoruego, haber aprendido algo del noruego antiguo de la época de los vikingos.

¿Se trata de sacar a la luz la verdad por medio de la escucha?

Cuando se escribe poesía, se escucha, y en la escritura se desvela y se muestra la verdad, al menos la verdad en cierto sentido de la palabra. La palabra griega para verdad era *aletheia,* aquello que está descubierto o desvelado, y encontrar la verdad es desvelar la verdad mediante, por ejemplo, la escritura. La verdad y el arte suceden: «Kunst geschieht», dice Heidegger.

Muchas veces me he preguntado de dónde viene lo que escribo, y Heidegger me ha proporcionado una respuesta con la que puedo vivir: La poesía, dice, «kommt aus dem Nichts», viene de la nada.

Y cuando escuchas, ¿escuchas, en cierto modo, a lo mismo?

Creo que una condición para poder escuchar de verdad, escribir de verdad, es estar, de alguna manera, separado del mundo. Eckhart habla de *Abgeschiedenheit y Gelassenheit,* conceptos que resultan difíciles de traducir, pero que, explicados llanamente, significan que tienes que retirarte a un sosiego interior, entrar en tu soledad, donde estás alejado de los jaleos del mundo y donde descansas, como quien dice, donde estás en paz, tranquilo, en ti mismo, donde de alguna manera descansas cerca de lo más profundo de tu interior. Eckhart lo dice en relación con el rezo, pero lo mismo se puede decir de la poesía. También en eso se parecen el rezo y la escritura de poesía. En realidad, es ahí donde la escritura de poesía es rezo.

Escribir es una concentración, una intensa escucha de algo, un apartarse de uno mismo, y una escucha con la certeza de que, para que algo sea escrito, algo en mí tiene que escribirlo, escribirlo solo. De manera que, al escribir, en realidad estoy pidiendo todo el rato algo –¡y eso que a mí no me gusta pedir!–, estoy pidiendo ser capaz de escribir de un modo tan bueno y verdadero como sea posible. Al mismo tiempo, creo que escribir es una especie de elogio, incluso la poesía más negra es un elogio del lenguaje, del entendimiento, de la creación, de alguna manera. Y ahí es donde puede mostrarse lo creado invisible, en la mejor escritura, en la mejor poesía.

Escribir, poetizar, no es rezar, pero puede parecerse. Y para mí, al menos, se parece más al rezo que a un reportaje, o a un tratado científico, o a otras cosas con las que a uno se le puede ocurrir compararla. Por lo menos la poesía que me gusta a mí, y la poesía que yo trato de escribir.

Pero has escrito que sientes que se trata de una petición casi criminal, ¿por qué criminal?

Cuando escribes bien, estás robando. Y robar no está bien. Al escribir, coges algo que no es tuyo. Yo nunca uso a otras personas en mi obra, me lo tengo prohibido a mí mismo, así que no es eso. Pero de algún modo acabo haciéndolo igualmente. Yo arrojo una sombra, tengo una vida con las personas que me rodean, mi lengua es el neonoruego, mi paisaje es Strandebarm, estoy vinculado a un pequeño pueblo a orillas del fiordo de Hardanger. Ese será siempre mi paisaje, mi universo, aunque haga cuarenta años que no vivo allí. O tal vez sea más correcto decir que mi paisaje es Vestlandet, el oeste de Noruega. Lógicamente, estoy marcado por las vidas de los otros. No uso sus vidas, sus experiencias, en mi obra, pero debo usar lo que tengo.

Esta es una de las cosas que pienso acerca de esa criminalidad. Otro pensamiento que señala en la misma dirección es la pregunta de si será correcto por mi parte ser tan engreído como para dedicar mi tiempo a la escritura, a la poesía, en vez de ir a trabajar como todo el mundo.

Nunca he tenido un trabajo fijo, esa es la verdad. Se trata de una actitud propia del artista, y yo siempre la he tenido. Si todo el mundo pensara como yo, la sociedad sería imposible.

En cierto sentido, estoy fuera de la sociedad, y estoy fuera de las leyes, igual que lo está un criminal. Haces lo contrario de lo que tienes que hacer para formar parte de una sociedad. Yo solo quiero que me dejen tranquilo para poder escribir. Y el derecho a vivir así simplemente me lo tomé.

Pero, tal como estoy hecho, nunca podría haber tenido un empleo en ningún sitio. Necesito poder decidir sobre mí mismo y mi propio tiempo. En ese sentido, podría decirse que soy un minifundista autosuficiente o, por inclinación, quizá más bien un pescador con barco propio. En cierto sentido, creo que el tipo de gente humilde de la que procedo, y a la que sigo perteneciendo, tiene algo de aristocrático. Al menos diría que soy una típica persona de la periferia, si se puede usar esa expresión, y supongo que sí se puede.

Siempre he tenido una relación distanciada con la clase obrera, y con el movimiento obrero, tengo que admitirlo, aunque de adolescente traté de construir una especie de vínculo, puesto que quería ser marxista, buscándome trabajos en la industria durante el verano. Pero yo no servía para eso. Me mandaban al sótano. Solo servía para limpiar techos y suelos.

Con el paso del tiempo, creo que voy sintiendo menos que me escaqueo, soy ya tan mayor que solo sirvo para aquello para lo que me uso a mí mismo. Nunca he sido un hombre fuerte y el exceso de trato social me agota, de manera que apenas hay lugares de trabajo en los que no sería un estorbo tenerme. Esa es la verdad.

Yo siento un creciente escepticismo hacia la teología. La teología supone una gran tentación, porque trata de aprehender a Dios con palabras. Gran parte de la teología intenta decir lo que quizá no pueda decirse con palabras. Pero entonces ¿cómo se puede decir?

Entiendo lo que quieres decir. Yo, por mi parte, dejé de escribir teoría, dejé de escribir ensayos. Pero ahora, pícaro, ¡casi has conseguido que vuelva a hacerlo!

Sigo pensando que llego más cerca de la verdad en la escritura literaria o metafórica, que en la teórica o conceptual. Pero tengo una formación universitaria puramente teórica, estudié sociología, luego me pasé a la filosofía y acabé escribiendo mi tesina en teoría literaria. El tema de mi tesina fue la teoría de la novela, un intento de entender la novela a partir del concepto de «escritura» de Derrida. Pero, al mismo tiempo, me sentía más cerca del arte, tanto de la música como de las artes plásticas y la literatura.

Ya de adolescente hice mis chapuzas como músico y como pintor, pero entendí muy pronto que lo mío era la escritura. Así que llevo desde los doce años escribiendo literatura, así de sencillo. Supongo que tendría cierto talento para eso.

Y creo que el talento se muestra en la capacidad de imitar, y que tiene que ver con la mimesis: si tienes talento para la música, recuerdas con facilidad las melodías y eres capaz de tocarlas. Si tienes talento para lo plástico, no te cuesta demasiado dibujar una cara y que se parezca, y si tienes talento para la escritura, tienes facilidad para imitar el modo en que escriben, por ejemplo, Vesaas o Hamsun, o eres capaz de poner por escrito una situación de un modo relativamente rápido y sin mayores problemas. Esta última capacidad la tenía yo, aunque seguramente ya no podría, ni querría, hacer esas cosas.

Escribí mi primera novela en el bachillerato, y se parecía tanto a Vesaas que era una mera copia. La verdad es que extraña que los críticos literarios noruegos sean tan poco capaces ver estas cosas. Hay muchos epígonos de Fosse, gente que escribe sin tener un poema propio. Es obvio que una vez que Picasso pintó como pintó, a los demás les resulta fácil hacer lo mismo. Incluso yo puedo copiar un cuadro de Picasso.

Es evidente que el arte no está en parecerse a otro; si hay arte, está en lo único, en lo que no se parece a ninguna otra cosa. Pero, como digo, para llegar hasta ahí, creo que, al menos a cierta edad, debes tener la capacidad de copiar a otros. Para luego dejar de hacerlo. Porque si no eres capaz de avanzar, de llegar a lo propio, a tu propio poema, lo mejor es dejar la escritura. Seguramente sea lo mejor para todos.

Muchos jóvenes que quieren escribir me han preguntado qué hacer para hacerse escritores, o para escribir bien. Y yo les digo que se agarren a lo suyo, que se agarren a lo suyo opinen lo que opinen los demás. Y, al hacerlo, te acercas a eso otro que hay en ti, a lo espiritual que hay en ti, a tu poema interior, por decirlo así. Y si no tienes un poema propio, pues no lo tienes. Es así de sencillo, y así de crudo.

Y tampoco es que sea una desgracia no ser escritor. Quizá, incluso, la desgracia sea serlo. El destino del músico es una desgracia, pone en *Vigilia*. Supongo que es necesaria la perspectiva que proporciona la edad para poderlo ver así, pero lo realmente importante es encontrar tu sitio en la vida, eso sí está claro.

La Biblia dice que el hombre fue creado a imagen y semejanza de Dios. ¿Qué piensas de eso?

Quizá lo primero que pienso es que es una frase bonita. Y luego pienso que tiene algo, que es verdadera, a su manera. Porque, en cuanto que seres humanos, tenemos algo de Dios en nosotros, en lo más profundo de nuestro interior, una chispa o como queramos llamarlo, en lo más profundo. Y creo que, si algo indica que el ser humano tiene libre voluntad, es precisamente eso. También pienso que somos capaces de hacer niños, de crearlos. El nacimiento de un niño es el mayor de los milagros. Y lo que nosotros aportamos, al menos el varón, es muy poco. Y al mismo tiempo, tanto… Es algo muy animal y muy divino.

Sin embargo, esa imagen infantil de Dios como un hombre con barba es blasfema, o por lo menos puede llegar a serlo. Dios es, según dice él mismo. Y dice también que no hay que crear imágenes de él. Como se sabe, este tema ha provocado grandes luchas en la historia de la Iglesia, y se discutía si, por ejemplo, era correcto o incorrecto hacer imágenes de Cristo, puesto que Cristo, concluyeron, era tanto hombre verdadero como Dios verdadero. Afortunadamente se impuso la sensatez, supongo que podrá decirse así, y la riqueza mística de la tradición cristiana de los iconos pudo seguir viva (puesto que Jesús, el Hijo, era también un ser humano, podía ser retratado, al contrario que Dios, Padre, de quien no se debían hacer imágenes). De manera que la prohibición de hacer imágenes sigue aún vigente. No se puede retratar al Padre. Y cuando Dios aparece en un icono, es solo como un semicírculo situado en una esquina superior, del que sale algún rayo, y a veces una mano, que desciende hacia el motivo sagrado. El icono debe ser una ayuda para la meditación y la oración, y nunca hablar de la realidad mundana misma, sino dejar que se intuya lo no sensible en la imagen mundanizada. En el icono, y a través de él, lo que debe hablar es una fuerza espiritual.

¿Crees que podrías perder la fe?

Creo que pierdo la fe todos los días, y que todos los días la recupero. Pero mi gnosis está firme, la tendré siempre. Es inquebrantable. Por lo demás, supongo que la fe y la duda seguirán luchando entre sí, tanto en mí como en los demás. Pero en este momento siento que mi fe es firme. Y siento que es correcto pertenecer a la Iglesia católica, a la que dudo que abandone a no ser que ella me abandone a mí, es decir, a no ser que ya no sea bienvenido y pierda el derecho a participar en la comunión. Evidentemente, hay mucha gente que opina que no tengo ese derecho, pero ese es otro cantar. Siento que eso es problema suyo, no mío, y que tampoco supone un problema para la Iglesia. Eso me da mecha. He sido admitido en la Iglesia, y siento que mi lugar en ella es legítimo. Pero si no me sintiera bienvenido en la Iglesia católica, volvería, pese a todo, a la Iglesia noruega, y no a los cuáqueros. De hecho, me siento más cerca de la Iglesia noruega ahora, después de la conversión, que antes.

Debo de tener un poco de mala conciencia por todo lo que he dicho de la Iglesia estatal noruega y los cristianos noruegos. Porque no todo es igual, claro. Con el tiempo he ido conociendo a muchos cristianos noruegos buenos y sabios, y también buenos círculos cristianos. Quizá, si fuera joven, podría encontrarme a gusto en la vida cristiana noruega de hoy en día. Qué sé yo. Aunque tengo mis dudas. Sea como sea, he hablado de cómo vivió un niño la vida cristiana de Vestlandet, al oeste de Noruega, en los sesenta y los setenta.

Tener fe en el Dios cristiano no es ninguna garantía contra la enfermedad, la desesperanza o la muerte. Los seres humanos estamos solos en el mundo. Pero ¿tú confías en la explicación cristiana del mal?

Lo que sé, por volver a eso que llamo mi gnosis, no está relacionado ni con la duda ni con la desesperación. Es experiencia, vivencia, conocimiento. Pero mi fe sí está relacionada con la duda y la desesperación. Y la desesperación, a su vez, está relacionada con el sufrimiento y el dolor, con la muerte. La crucifixión, la cruz, toma el sufrimiento y lo transforma en algo que no es sufrimiento. Porque allí donde el desconsuelo roza su límite, allí está Dios. Estoy en contra de usar letras mayúsculas y negritas, pero justo esta frase me gustaría escribirla en negrita. Por eso la repito: Allí donde el desconsuelo roza su límite, allí está Dios. Esa es mi experiencia. Y, en el cristianismo, el sufrimiento y la muerte se transforman en lo contrario del sufrimiento, en paz, en paz en Dios. En la paz y el amor de Dios.

Sin la lucha y el sufrimiento como opuestos de la paz, con la libertad como presupuesto, no podríamos hablar de amor, porque el amor no existiría.

Aunque, al final, fuera del tiempo y del espacio, todo se reúne en la gran *coincidentia oppositorum,* o como diría Nicolás de Cusa: En Dios se reúne una oscuridad que desborda los límites del entendimiento, una oscuridad que es también luz, ahí se reúnen el bien y el mal para transformarse en uno y lo mismo, y ahí el no-conocimiento es lo mismo que el conocimiento, el principio es el fin, lo máximo es lo mínimo, el pasado es futuro, ahí la vida terrenal es vida celestial, el cuerpo es alma, la oscuridad es luz, la desigualdad es igualdad, ahí lo limitado es ilimitado, lo finito, infinito. Es así de paradójico, y supera los límites del entendimiento. Así de lejos, hasta este saber, me ha llevado Nicolás de Cusa con su ya mencionado *De docta ignorantia.*

Y me siento tentado de terminar esta conversación como termina Wittgenstein su *Tractatus,* diciendo que una vez que se comprende esto, se comprende que todo lo dicho hasta ahora carece de sentido. Es cierto, y no es cierto. Como siempre.

Hacia el final de su vida, Wittgenstein se preguntó si su obra había merecido la pena y su respuesta fue que sí, «but only if a light shines on it from above», pero solo si una luz la ilumina desde arriba. Eso mismo siento yo. Solo habré logrado aportar algo, si algo que no soy yo lo ilumina desde arriba y le da valor.

¿Te gustaría decir algo más?

Sí, que todo lo que digo está dicho por un novicio, por alguien que intenta entrar en la fe cristiana católica, y asumirla, a partir de los presupuestos que al fin y al cabo tengo. Así que por aquí y por allá, en todo lo que digo o escribo, habrá que añadir y quitar cosas. Por aquí y por allá se notará también cierta ignorancia. Y por último me gustaría decir que siempre estoy en movimiento, que escribo, que leo, de manera que dentro de dos meses esa conversación habría sido distinta, solo que en algún lugar hay que poner el punto final.

Pero, en suma, ¿por qué eres católico?

La Iglesia católica tiene mucho de lo que responder. Y el *Index librorum prohibitorum*, el *Índice de los libros prohibidos* no es lo peor. Obviamente, el *Ulises* tuvo plaza en esa lista, por terminar cerca de donde empecé, al igual que varios escritores. El arzobispo irlandés de turno prohibió, por ejemplo, una obra de Sean O'Casey, cosa que hirió tan profundamente a este pobre dramaturgo que se mudó a Inglaterra y vedó que sus obras se representaran en Irlanda en el futuro. La Inquisición y la persecución de los herejes, la persecución de los judíos, en fin, la Iglesia católica tiene mucho de lo que arrepentirse, eso está claro. Pero también lo tiene el socialismo, claro. Y, a pesar de ello, yo soy tanto socialista liberal, o anarquista de Vestlandet, si quieres, como católico liberal o místico cristiano.

Porque al fin y al cabo te has convertido a la Iglesia católica.

La grandeza, aquello que me hace católico, está en el misterio que hay en la fe. Es cierto, lo digo con la mano en el corazón. Y en este misterio se puede participar todos los días de un modo concreto. La grandeza de la Iglesia católica reside en que, a pesar de todo, ha sabido preservar y transmitir este misterio. También a mí.

Oslo, Frekhaug, Dingja,
Hainburg an der Donau y Skien,
primavera, verano y otoño de 2014